高中语文教学及其"学历案"的设计运用

刘　洋◎著

吉林文史出版社

图书在版编目（CIP）数据

高中语文教学及其"学历案"的设计运用 / 刘洋
著. -- 长春 : 吉林文史出版社，2023.2
ISBN 978-7-5472-9268-6

Ⅰ. ①高… Ⅱ. ①刘… Ⅲ. ①中学语文课－教学研
究－高中 Ⅳ. ①G633.302

中国国家版本馆CIP数据核字(2023)第035093号

GAOZHONG YUWEN JIAOXUE JIQI "XUELIAN" DE SHEJI YUNYONG

书　　名　高中语文教学及其"学历案"的设计运用
著　　者　刘　洋
责任编辑　陈　昊
出版发行　吉林文史出版社有限责任公司
地　　址　长春市福祉大路 5788号
印　　刷　北京四海锦诚印刷技术有限公司
开　　本　787mm×1092mm 1/16
印　　张　11
字　　数　256千字
版次印次　2024年4月第1版　　2024年4月第1次印刷
定　　价　52.00 元
书　　号　ISBN 978-7-5472-9268-6

前　言

随着科技的发展、社会的进步，以及素质教育的推进和教育体制改革的不断深化，新课程标准对高中语文课堂教学提出了更新的要求。新课程理念认为语文教学是学生、教师和文本三者之间的对话，在课堂教学中要充分发挥学生的主体作用，调动学生学习的主动性，激发学生学习的积极性。"学历案"是关于学习经历或过程的方案，它是教师在班级教学情景下，围绕某一具体学习单位的主题、课文或单元，从期望学会哪些内容出发，设计并展示学生何以学会的过程，以便学生自主建构专业方案，"学历案"的设计运用可以规范教学模式，促进提高教育教学的质量。

鉴于此，笔者撰写了《高中语文教学及其"学历案"的设计运用》一书，在内容编排上共设置七章：第一章作为本书论述的基础和前提，主要阐释高中语文教学类型与重要意义、高中语文教学原则与理论依据、高中语文教学的有效性；第二章是高中语文教学的内容体系，内容涵盖高中语文教学的交流、高中语文教学的过程、高中语文教学的方法；第三、四章分析高中语文教学的模式构建、高中语文教学的课型设计；第五、六、七章围绕高中语文"学历案"的设计、高中语文阅读教学及"学历案"设计、高中语文教学中"学历案"的设计实施及运用进行研究。

全书结构科学、论述清晰，力求达到理论与实践相结合，让读者在学习基本方法和理论的同时，能够帮助活跃在语文教学实践中的一线教师找到合适的教学方法，以便有效对"学历案"进行设计，最终使学生在接受语文学科学习的过程中，综合能力得到有效提升，真正成为全面发展的优秀人才。

笔者在撰写本书的过程中，得到了许多专家学者的帮助和指导，在此表示诚挚的谢意。由于笔者水平有限，加之时间仓促，书中所涉及的内容难免有疏漏之处，希望各位读者多提宝贵意见。

目　　录

第一章 高中语文教学的基本理论

第一节 高中语文教学类型与重要意义

一、高中语文教学的类型

（一）个性化教学

高中语文个性化教学①是以课程内容为中介的，是师生双方具有个性化特征的教和学共同活动。具体而言，就是以全面提高学生的语文素养为目标，以课程内容为中介，以注重学生自主学习、因材施教为基本教学策略，以学生个性化的学和教师个性化的教相统一为主要教学过程的活动。

1. 教师的个性化

个性化的教有两层意思：一是教师要根据学生个性化学习的需要来调整教学内容、设计教学方案和考虑教学策略，并采用多种教学方法，其核心是做到因材施教；二是教师在教学中要力求体现个性化的教学风格。前者是尤其要重视与倡导的，却一直为人所忽略。概括而言，做到因材施教要注意以下方面：

（1）转换角色。在语文个性化教学中，教师已不仅仅是"传道授业解惑"者，还应该是学生语文个性化学习的组织者与引导者，教师个性化的教要为学生个性化的学服务。教师要尊重学生人格，并处理好顺应与引导的关系。转换角色主要体现在四个方面：营造对话氛围——使对话在民主、宽松、愉快的氛围中进行；组织对话过程——使对话在有序的状态下进行；调控对话方向——使对话始终围绕当前的话题进行；保证对话的省时和有效——使对话过程成为高效率的师生互动过程，形成"以学生为主体，教师为主导"的教

---

① 个性化教学就是尊重学生个性的教学，必须根据每个学生的个性、兴趣、特长、需要进行施教，亦即学生需要什么，教师便授予什么，学生完全是一种自主性的学习。

学模式。

（2）了解学生。因材施教是建立在对学生的充分了解之上的。学生与生俱来就各不相同，他们没有相同的心理倾向，没有完全相同的智力，但都有自己的智力强项，有自己的学习风格。如果考虑这些差异，如果考虑学生的个人强项而不是否定或忽视这些强项，如果教育以最大限度的个别化方式来进行，那么教育就会产生最大的功效。因此，教师要通过多种渠道了解学生的个性，了解学生的特长，了解每个学生的与众不同之处，包括学生的兴趣、爱好、习惯及家庭生活背景，特别要了解学生在语文学习方面的差异性。

（3）提供条件。教师要为学生的个性发展提供必要的条件。教师要以平等的心态和姿态与学生相处，以创造适宜学生个性发展的宽松自由的学习环境。教师要正视学生的个性差异，让学生快者快学，慢者慢学；要解决班级授课与个别化教学的矛盾；还要为学生的语文个性化学习提供时间和空间的保证。

（4）展示特长。在语文个性化教学中，教师应创设有意义的情境，为学生提供各种展示个人潜能的机会，教师要乐于并善于为学生展示个性化特长搭建舞台，让学生在展示的过程中不断得到成功的心理体验。

2. 学生的个性化

（1）个性化语文学习的核心是强调学生自主学习，也就是强调学生是语文学习的主人，语文学习是学生自己的事，任何人不能包办代替。"以学生为主体"已成为语文教育界的共识。个性化的语文学习要求充分发挥学生的自主性，发挥学生的主体作用，让学生真正成为语文学习的主人。

第一，使"主体"真正成为主体。要有使学生成为主体的机会——充足必要的时间、空间。学生既是语文教育对象，又是语文学习主体。语文教学要落实主体意识，就必须确立"走向学生"的理念和方法论意识，坚决反对那种企图把语文讲清、讲透的外科手术式的做法。

第二，要有使学生成为主体的自身条件——兴趣、习惯、知识、方法。学生学习的积极性、自觉性、主动性主要缘于兴趣和目的。换言之，兴趣和目的是学习的动机。语文教学落实主体意识，就要想方设法引发学生强烈的好奇心，使之产生深厚的探究兴趣。而有了兴趣才有可能长久地坚持下去并形成习惯，再加上必要的知识与方法，学生就能积极、主动地去学习了。

（2）就学习内容而言，个性化的语文学习主要指个性化阅读与个性化表达（口头与书面）。这是因为，语文教学的理论，无论说得如何高深莫测，归根到底无非是帮助学生学会读书，学会作文，学会听话和说话，从而获得一种可以终身受益的能力。语文个性化教学主张从发展学生个性化阅读能力和个性化表达能力着手，在阅读实践中提高语文素养，发展个性。

（3）个性化的语文学习对学生有三个方面的要求：一是要求独立阅读，让学生在走进文本、走进作者的过程中获得个性化的独特感受和体验；二是加大阅读量，鼓励并要求学生广泛阅读以丰富语文积累，培养语感；三是主张有创意的阅读，激励学生独立思考并能发表独到见解。

（4）个性化表达是学生个性心理的独特反映，它包括书面表达（作文）和口头表达两个方面，须具备以下特征：

第一，真实。个性化的表达应该是真实的。如学生作文要感情真挚，力求表达自己对自然、社会、人生的独特感受和真切体验。

第二，求新。除了求真，个性化表达的另一个特征是求新。所谓求新，就是力求新颖、别致。这就要求学生观察事物要有独特的视角，思考问题要有独特的方式，表情达意要有独特的手法。

第三，深刻。深刻是一种品质。具备深刻思维品质的人，其思想比别人更深邃，见解比别人更独到。

（二）散文化教学

散文的特点是"形散而神不散"，高中语文教学的"神"就是学生的语文素质，"神"就是语文教学观念，是语文教学的价值取向。新课标定义的语文素质应有三个层次的内容：一是语文知识，即汉语知识、逻辑知识、文学知识、语法知识、修辞知识等；二是语文技能，它不仅包括听、说、读、写能力，还包括汲取知识及运用知识的能力；三是综合品质，即在丰厚坚实的知识、技能基础上，熏陶渐染，逐步历练形成的兴趣爱好、思想情感、审美鉴赏、气质修养等品质结构。教学有法，教无定法，成功的语文教学就应该是一篇散文，旁征博引，兼收并蓄。因此，教师们必须转变观念，着眼育人，因为学生品质的优秀、人格的健全比成绩的突出更为重要。要突出"神"就必须有为之服务的"形"，一切科学、灵活、准确、有效的方法、方式、材料、途径都是"形"。

二、高中语文教学的重要意义

（一）高中语文教学是提升教学质量的保证

课堂教学一定要有计划、有规律地开展，所以课堂活动需要遵守秩序和规定，但是课堂并不是一成不变的，经常会有各种突发的问题，所以为了保持正常的课堂秩序，教师要及时排除可能干扰教学活动的因素，保证教学活动能够正常有序地开展。规定和秩序对于教学活动而言是至关重要的，有经验的教师非常注重教学过程的管理，只有做好教学管理才能实现语文教学效果的提升，而且教学管理能够保证教学氛围的和谐融洽，也能够让师生处于和谐的氛围中，进而保证了教学任务的有效完成。

（二）能够促进语文课堂教学持续性生长

课堂教学活动的最终目的是促进师生共同发展。"教学相长"在今天看来，其含义就是指教师与学生的相互影响和相互作用会促进彼此的进步。二者的进步当然离不开良好的课堂教学环境，只有课堂在生长，课堂中的人才能得到生长。课堂的生长是课堂中人的生长的前提，同时，课堂的生长又为人的生长创造了条件。促进课堂的生长，增强语文教学管理的指向性功能，也是语文教学管理的基本目标。语文教学管理就是要调动各种可能的因素，开掘课堂的活力，发挥其生长功能。如果失去了这一生长功能，课堂气氛就会变得单调，课堂缺乏应有的活力，从而也谈不上促进人的发展。

第二节　高中语文教学原则与理论依据

一、高中语文教学的原则

课堂教学管理有其内在的机制与规律，要有效实现语文教学管理的目标，就必须遵循课堂教学管理的原则。高中语文教学原则不仅与课堂教学管理目标有关，而且与课堂系统的特征直接相关。

（一）高中语文教学的系统性原则

课堂系统是由内在联系的特定要素构成的有机统一的整体。把课堂视为一个系统，其构成因素是较为复杂的，既有物质的，也有非物质的，即精神或是心理上的；既有有形的，也有无形的。由此可见，这样一个多因素构成的系统，只有在各因素协调一致时，课堂才会产生根本作用。因此，教师作为一个课堂教学的管理者，应具备全局的观念，从系统整体对课堂系统的各个方面进行规划与调整，以便把各种因素有机地协调为一个整体，发挥更有效的功能。出现课堂问题时，要从课堂的整体来分析与把握，从问题与环境，时间、空间与场合，得与失，利与害，个人与集体，社会、历史、现实与未来，自我与非我等多方面的关系中形成一个全面而正确的认识。

（二）高中语文教学的自组织原则

自组织现象，是指自然或客观事物本身自主地组织化、有序化的过程。对于组织的认识需要我们一开始就假定教师、学生、课程和原料一道进入的是一个全新的场景。对教师而言，语文教学管理的目标是通过怎样的方法使学生能养成自我管理的好习惯，努力让学生进入自己的世界，让自己进入学生的世界，因而和学生共享一个世界。

课堂的进展过程实际上就是在寻求新的信息，不断从事与创造有意义的对话，不断实现新的连接的过程。这种过程本身是自然发展着的。但在传统的语文教学管理中，教师常常根据自己的判断试图给课堂加上一些人为的框架，于是课堂并不能很好地与之对应，而必须经常加以限制直至他能管理这些框架，因而在课堂教学管理中容易出现单向的专断性控制。在这种情况下，教师实际上是很难对课堂本身进行管理的。课堂作为一个开放的系统将由于对组织的充分重视或自组织作用的充分发挥而趋向自我完善。

（三）高中语文教学的激励性原则

激励性原则就是在高中语文教学时，通过各种有效手段，最大限度地激发起学生内在的学习积极性和求知热情。贯彻激励原则要求教师在课堂上努力创造和谐的教学气氛，创造有利于学生思维、有利于教学顺利进行的民主氛围，而不是把学生课堂上的紧张看作是教师管理能力强的表现。

语文教学的任务是要培养良好的课堂集体和学生课堂行为，其方法是通过不断的鼓励和强化手段，激励学生的进步，满足学生的心理需求，营造积极向上的课堂气氛。为此，在语文教学管理中，需要做到以下方面：

第一，教师要鼓励和提倡积极的个人行为，如刻苦学习、遵守课堂纪律、尊敬师长、互帮互助、不耻下问等。对在这些方面有突出表现的学生应及时给予表扬，因为教师的表扬是对学生行为的肯定，这样，学生就会受到鼓舞，增强信心。

第二，教师要用发展的眼光对待每一位学生。现代心理学告诉我们，学生是发展中的人，其生理、心理、知识、能力、自律等都处在发展之中，处于不成熟、不完善的状态，每个学生不论其目前的状况如何，都存在着发展的潜能。教育的责任就在于使学生的潜在可能性向现实可能性发展。因此，教师应该时刻用发展的眼光期待学生，尤其是曾有课堂不良行为的学生，要充分相信他们经过教育培养都能成人成才。

第三，教师要随时关注学生积极的变化，细心发现学生在原有基础上的每一次进步，适当地给予赞赏，让每个学生都有成功的喜悦。

第四，对学生的不良课堂行为要宽容，并且进行正确引导，促使其自我克服、自我矫正、自我完善。此外，教师对课堂的最大影响就是对学生发展的激励。激励是有效语文课堂教学的核心。

（四）高中语文教学的反馈性原则

运用信息反馈原理，对课堂管理进行主动而自觉的调节和修正，是反馈原则的基本思想。高中语文教学的具体要求的措施只有建立在班级学生思想与学习特点的基础上，才能具有针对性和有效性，这要求教师在教学工作的起始环节——备课过程中，认真调研教育对象的具体情况，分析研究必要的管理对策。

语文教学管理的反馈性原则，还要求教师在课堂教学的过程中，不断运用及时信息来调整管理活动。由于课堂教学是在特定的时空内，面对着的是学生，这是一个多因素彼此影响和制约的复杂动态过程，可能出现各种偶发情况。因此，教师应不断分析把握教学目标与课堂教学管理现状之间存在的偏差，运用自己的教学机制，因势利导，确定课堂管理的各种新指令，作用于全班同学，善于在变化的教学过程中寻求优化的管理对策，而不应拘泥于一成不变的管理方案。

二、高中语文教学的理论依据

高中语文教学虽然是一个实践问题，但却有着深厚的理论基础。如果能依据相关的心理学、社会学、生态学理论进行管理，那么会使教学行为更为合理、有效。

（一）心理学理论

在 20 世纪 60 年代，由于认知心理学和人本主义心理学在教育理论及教育改革中优势地位的获得，语文教学管理理论产生了一种新的范式的转换，如认知心理学强调从对人的认知分析入手，试图使学生了解语文教学管理的一般规范，理解教师课堂教学管理行为的原因与方法，从而使学生形成自觉的课堂行为，并由认知逐渐形成积极的师生关系，维持与促进课堂秩序，如向学生说明行为的目标，使学生明了其行为与结果之间的逻辑联系，进而产生教师所期望的行为；而人本主义心理学则从对学生的需要、潜能的分析入手，对人的行为产生的原因和发生机制进行研究，进而将这种研究运用于课堂，如格拉舍（Glasser）的现实疗法就强调将课堂建设成一种积极的、富有启迪的教育环境，教师应向学生提供最好的机会去发掘隶属感、成就感和积极的自我认同。

心理学的研究范式与研究思路也为课堂管理提供了方法论指导，使课堂管理有了自己的基本理论和研究范式。既然心理学是语文教学管理的主要理论依据之一，课堂教学过程中的心理过程、心理特征及课堂中特有的心理结构必然进入课堂管理首要的研究范畴。教学活动包括人的智力因素和情感、意志、行为、个性倾向性（需要、动机、兴趣、理想等）和个性特点（性格、气质等）等非智力因素的参与，忽视非智力因素或者忽视智力因素都是片面的，都将影响语文教学的操作，甚至影响课堂教学质量。

对于学生而言，课堂上各种科目的教学活动是丰富知识储备、提升学习能力、开阔视野、逐步形成科学的世界观、人生观、价值观的主要途径。此外，语文教学要重视培养学生的核心素养，既要强调语文知识技能的外显功能，还要重视其隐性价值。此外，人的智力水平随着年龄的增长，超过一定的数值之后就很难再出现大幅度增长，此时学生自身具备的非智力因素成为影响教学效果的主要原因。因此，这意味着教师在对学生进行教育的过程中，要同时考虑到不同学生的智力水平，以及其他非智力因素对于培养学生形成适合当前时代发展所必需的知识能力、道德品质、精神面貌和行为方式。

目前，在心理学领域，非智力因素可以划分为情感发展水平、意志发展程度、道德品质、个性特征四大类，这些因素虽然不直接参与学生形成认知的过程，但是能够对认知过程起到一定的制约作用。此外，非智力因素对学生综合能力发展的作用主要体现在三个方面：一是推动力作用，像世界观、人生观、价值观、兴趣、理想等非智力因素能够帮助学生明确学习活动的目标和方向，使其获得内在的驱动力和坚持不懈的毅力；二是定型化作用，像独立能力、自制力水平、耐力、自觉性等非智力因素能够帮助学生养成固定的良好学习习惯；三是学生的性格特征，如细心、责任感强、勤奋、诚实等能够一定程度上弥补学生在知识储备和能力方面的不足。

（二）社会学理论

从社会角度看，课堂是一种特殊的社会系统，是一个微型社会，是社会大系统中具有特殊功能的一个小系统。在这个系统中，教师、学生和环境之间不断发生作用，常常也会产生不可回避的问题。社会学的原理与研究对于语文教学管理的启示是很有借鉴价值的。因为课堂亦是一个微型社会，教师与学生在其间彼此共生与互动，这一互动不仅促成了多种多样的课堂景观，而且使课堂呈现出复杂的社会特征。

1. 功能主义理论

功能主义特别强调社会结构中的每一部分对于社会整体生存所发挥的作用，认为社会的组成及其生存方式同生物体非常类似。此外，功能主义认为，每一个社会都有一种共同的文化，这是一种社会成员共享的价值或伦理准则。只有当社会成员之间具有共同的认识、共同的态度和共同的价值观，才能减少社会的冲突，社会才能维持其稳定和谐，才能发展。对于教育而言，就是要使个体社会化，培养人们具有共同的信念、共同的态度和统一的价值标准，使社会的共同价值内化于个体之中，促使社会成员对不断变化的社会在思想、态度方面能保持和谐一致。

功能主义对于高中语文课堂教学的启示在于两个方面：首先，教师要注重课堂中的文化建设，建构共同的信念与价值系统，使课堂成为一个和谐的共同体。为此，教师要有意识地在学生中培植理想与努力方向，建立起明确的目标和共享的价值体系，并对学生如何获取这些价值体系给予足够的关注，对价值系统做持续不断的研究。教师还要善于在宏观背景下组织学生行动，并注重在培养行动过程中畅通交流渠道，通过交流让师生分享活动过程中的经验，这样不仅能够传达课堂中发生的事情，还有助于认识各自的角色及其关系，并最终形成团体的意义，使课堂中的所有成员形成共同的认识与信念。有了这一和谐的共同体，就能形成课堂中的内聚，促进课堂教学的顺利进行。其次，课堂也是一种微型社会系统，包含着物理的、认识的、社会的、情感的等多种因素，这些因素都处于整个系统内复杂相连的各个环节中，任何一种因素的变化都将对整个系统产生影响。同时，其功能的发挥取决于这一系统结构的整体优化。因此，教师在课堂教学的过程中，就要对课堂教学环境进行积极的改造，对各种因素加以调适和整合，使课堂中各种因素结合成一个统一整体，并达成协调一致，从而适应课堂系统的整体而达到平衡。

2. 管理互动理论

管理互动理论是 20 世纪 70 年代后兴起的一种注重对具体情况进行解释性分析的社会学理论，它强调对现实本身的剖析，并重视探讨通常现实的过程和存在于这一过程中的主观目的性与交互作用，管理互动理论认为人既是行动者，又是反应者，人对外界环境做出反应，不只是物理性的，而更多的是通过语言、手势、表情等这些表达思想的管理做出反应的。对于学校或者课堂而言，它们也都是由一个表达一定的社会意义的各种管理所组成的管理环境，学校生活或课堂生活的过程实际上是教师与学生之间以管理为媒介的社会互动过程。在这一过程中，学生了解和解释周围的环境，从而发展自我。

第三节　高中语文教学的有效性探究

一、高中语文课堂教学的有效性

随着高中语文新课程改革的推进，在教育教学中要求教师组织有效的教学活动，学有价值的知识、有实用性的知识，促进全体高中生的全面发展，提高课堂教学效率，这是每一位教育教学工作者必须考虑的重要问题。课堂教学的有效性需要新课程教育教学理念的指导，需要教师的教学理念更新和教育教学方式方法的转变，减少课堂教学中的无效成分；需要教师把促进全体高中生的全面发展作为教育教学的培养目标，摒弃传统教学中不利于高中生学习效率提高、能力培养的做法。"教师要发挥高中生的的学习能动性，发挥高中生主体作用，通过激发高中生的学习兴趣，促进高中生的自主参与和自主探究，强化教育教学效果"。①

（一）明确教学目标

教师为完成预期的教学活动而达到教学标准，教学目标是教学活动顺利开展的关键因素，能够为课堂教学指明具体方向，为不断提高课堂教学有效性，教师应明确语文教学的具体目标，熟悉和了解教学目标的基本原则，只有教师准确地掌握教学目标，才能使语文教学实现方向性、合理性和有效性。教学目标对提高语文教学有很重要的促进作用，主要体现在以下方面：

第一，教学目标的导向作用，教学目标能够有效地引导和制约教学有效性，如果能够实现教学目标的科学性、合理性，就会不断提高有效教学效率。

第二，教学目标的激励作用，教学目标能够使学生产生学习动力，使学生形成正确的人生观和学习观，在教学过程中，教师应注重培养学生的学习兴趣，关注学生之间存在的不同差异，以及学生不同的性格与个性，通过熟悉和了解学生这些特点，进而不断激励学生，使学生形成正确的学习态度。

第三，教学目标的调控作用，教学目标能够起到约束作用，以使学校领导、教师和学生能够为同一个教学目标共同合作努力，学校应制定宏观的教学目标，教师应制定课堂教学目标，学生也应有自身的学习目标。

（二）培养学生学习兴趣

学习兴趣是一种积极的心理倾向，是培养学生创新能力的前提。因此，教师想要提高课堂教学质量，就必须首先培养学生的学习兴趣，学生若对语文课产生了兴趣，就会主动去深入了解和学习。因此，在高中语文教学中，教师要以汉语言独特的优美激发学生的兴趣，带领学生置身其中，创造情境，利用画面、声音、实物等诱导学生在生动的情景中触景生情，表情达意，达到语文学习的高效性。

---

① 冉淑红. 如何提高高中语文课堂教学的有效性［J］. 文学教育（下），2019（9）：96.

（三） 发挥学生主体地位

以往的教学过程中，教师是课堂的主导，因此，为有效提高课堂有效性，教师应转变课堂教学角色，应由以往的以教师为主导转变为以学生为主体，发挥学生的主体地位，使学生参与到课堂教学过程中，进而不断激发学生的学习兴趣和积极性。此外，在课堂教学过程中，学生之间可以形成小组，以不断培养学生的团队合作精神，这不仅能使课堂有效性不断提高，还能够满足素质教育发展的基本要求。为有效提高高中语文教学有效性，教师和学生应共同努力合作，教师应转变教学观念，改变教学方法，充分发挥学生的主体地位，使学生逐渐参与到语文教学中；学生应积极配合教师提出的不同问题，以充分发挥自身的主体地位，不断培养其学习兴趣与创新能力，进而不断提升自身专业素养。

（四） 教学内容的合理化

科学、合理的教学内容，能够有效提高课堂有效性，在语文教学过程中，教材是课堂教学的主要依据，语文教学内容的选取，是教师为了完成既定的教学目标必须做出的环节。伴随语文教学新课改的提出，对教师选取教学内容提出了新的要求和标准，教师对语文教材内容的理解，应具有创造性，不能机械地使用教材，应灵活地掌握教材，应当加入自己的教学思想，教师应依据教材的具体内容，不断挖掘教材的潜在内涵，不断培养学生的思维和创新能力，以达到语文教学目标。

（五） 实施模块教学策略

在高中语文的实际教学中，运用模块教学的方式，大体可以分成阅读欣赏、写作、口语交际等模块。其中的阅读欣赏模块就是要让学生大量阅读优秀文章，逐渐培养学生的阅读能力、理解能力，以及提升他们的人文素养；口语交际，就是提升学生与人交流的能力，逐渐让学生体会到交往的艺术，体会其中的魅力，解决学生在与别人交往时遇到的难题；写作的模块，也就是提升学生的写作能力，尤其要注意练习能在生活中实际用到的文体。当然，还可以划分出更多的模块，全方面地提升学生的能力。另外，教师要与学生打成一片，鼓励学生在学习中遇到困难的时候及时寻求老师帮助。

（六） 教师运用合理课堂的提问

教师运用合理课堂的提问环节能够有效集中学生的注意力，不断激发学生的思维，积极引导和鼓励学生学会分析问题，为课堂教学奠定良好的教学氛围，因此，在课堂教学的提问环节，教师设计的问题起关键作用，教师设计的问题应具有启发性和科学性，能够引发学生的不断思考，教师应控制好问题的难易程度，与学生的认知能力相一致，如果问题难度较大，学生的理解能力较差，对问题会产生恐惧；如果问题难度不大，学生也没有探讨的必要，语文课堂提问的目的主要是不断激发学生的学习兴趣、培养学生的学习兴趣，使学生认识到语文学习对自身发展的重要意义。

（七）合理运用多媒体教学

传统的高中语文教学板书量较大，教师在板书过程中往往无法准确把握学生的思想状态与学习情况，但是在新课标背景下，现代信息技术已广泛运用到高中语文课堂教学中，教师可以充分发挥多媒体教学技术的优势，展示教学内容与课堂练习题，达到节约课堂教学时间的效果，以此构建高效课堂。

（八）提升教师专业技能与素养

教师的专业技能和专业素养直接影响着课堂有效性的提高，现阶段，新课改对教师提出了更高的要求，因此，学校应定期对教师进行专业教育培训，不断改进和完善教师自身的知识体系结构，培训内容应当多样化。

总而言之，高中语文教师需要构建起新的教学模式，逐步培养学生自主学习的意识以及能力，在语文教学中学会灵活运用多种教学方法，提高语文教学的质量，提升中学语文课堂教学的有效性。

二、高中语文生成性教学的有效性

（一）高中语文生成性教学的有效性原则

作为高中语文教师，如果要使高中语文课堂教学有效生成，就必须按照以下原则：

第一，对话性原则。在具体的教学实践中，我们必须基于对话的原则，才能让高中语文教学课堂成为有效生成的课堂。因此，"生成性课堂应该是在教师、学生、文本之间展开对话，而不是传统语文课堂中的教师单向传授书本知识，学生只是一味地被动接收的过程"[①]。

第二，互动性原则。教学不再是教师教、学生学的简单线性过程，而是师生之间、生生之间的互动交流的过程。因此，在高中语文生成性教学过程中，要遵循互动性原则。新课程倡导学生自主合作学习，这就需要教师在具体生成性教学过程里，遵循交互原则，帮

---

① 李伟耀. 高中语文生成性教学的有效性研究［D］. 长沙：湖南师范大学，2015：23.

助学生改变传统的接受式学习方法，促进课堂的有效生成。

第三，开放性原则。当今世界是一个开放的时代，我们应当有一个开放的心态。在高中语文生成性教学里，我们也要有开放的心态，我们必须遵循开放性的原则。在具体的教育实践中，我们要不断地创设开放的教学环境。开放性的教学环境是有效生成的土壤。在开放性的教学环境中，每一个学生都有机会发表自己的意见和观点，都能把自己真实的想法表达出来，教师不再是粗暴的评判者，也不再是知识的权威。师生在这样开放的教学环境中，都能自由地表达自己的观点，从而使师生共同得到发展。

第四，创造性原则。教学从某种意义上来看是一项创造性的活动，教学是师生、生生之间的一项创造活动。当下的高中语文生成性教学，教师与学生之间不再是"你传我受"关系，而是教师与学生在课堂当中共同创造、共同生成新的知识与技能的"合作"关系。

（二）高中语文生成性教学的有效性策略

1．精心预设，促成生成性教学

在高中语文生成性教学的过程中，先要对教学进行精心预设，才能促成语文教学的有效生成。预设是指教师深刻理解课程标准，仔细解读文本，详尽了解学情，对教学的目标、教学的内容、教学的过程与方法的预先设计，也叫教学预设。但这种教学预设有别于我们平常所理解的教案或教学设计。高中语文教学预设，要求高中语文教师在教学目标、教学内容、教学方式等方面进行精彩预设，以实现教学的精彩生成。

（1）预设学习目标。高中语文教师要深刻解读和理解新课程的三维目标，从而在教学实践中按照三维目标的标准对文本进行教学预设，让生成有的放矢。教学目标的预设要有利于学生在知识、能力和方法上实现自主建构，有利于学生的语文能力和语文素养的提高。当然，重要的一点是学习目标的预设应是弹性的。学习目标的预设要依据文本内容与学生的现实发展水平有所侧重。教师应以"学生的发展"目标出发，预设具体的学习目标，且认真地贯彻实施。

（2）预设教学内容。在预设教学内容时，要准确了解学情，详细了解学生的实际情况，准确认识学生的心理状态与认知水平，特别强调新课程改革要紧紧围绕"一切为学生发展"这一宗旨对教学内容进行预设，同时给预设留下机动空间，因为教学活动不是静止一成不变的，而是不断生成的活动。在这个具体的课堂教学过程中会出现许多意想不到的情况，因此，教师在预设教学内容时要有弹性、有空间的预设。在具体的教学实践过程中，教师根据具体的情况及时对教学内容进行调整。当然，在具体的教学实践过程中，教学内容的改变，相对应的教学过程与方法也随之会改变。

（3）教学方式的预设。教学方式指教师开展课堂教学采用的方式方法，主要包括传授法、情感陶冶法、探究法、读书指导法等。教学方式具有多元性、灵活性、操作性的特点。选择怎样的教学方式，主要取决于教学目标、教学内容。高中语文教学方式的选择要结合高中语文课程的特点、教学的内容、教学的目标、高中学生最近发展区等因素。

2. 对话教学，共创生成性教学

对话教学是指教师与学生在平等民主、融洽轻松的课堂情境下，共同围绕某一具体的教学内容，开展互动对话交流的教学方式。在高中语文课堂教学中，我们要对话教学，共创生成。

（1）教师认真解读文本，与文本展开对话，预设出一些相关的问题，便于在课堂中与学生展开对话，促进生成的有效性。

（2）在对话教学中师生共同营造对话的情境。对话教学要打破传统教学中教师话语霸权的局面，师生共同营造一种和谐、平等、民主的情境。因此，在这种情境下，教师必须鼓励每个学生参与课堂教学，积极开展对话与交流，让课堂教学生成的效率进一步提高，从而让师生共同获得发展。

（3）预防对话教学中出现的假对话。现在很多语文教师在具体的教学实践中尝试采用对话教学，我们要摒弃教学中的假对话。假对话有以下特征：

第一，对话的形式性。这种所谓的对话教学，为了对话而对话。它大量存在于当下的教学课堂中，不是为了促进学生的发展而是为了应付上级检查，这样违背了对话教学的真正初衷。假对话教学是师生的真实自我丢失，这样的教学不能培养人，因此，我们要摒弃形式上的对话教学。

第二，对话的游离性。在当下的教学课堂中，教师往往没有明确本节课的教学目标，在开展对话交流中，往往偏离了教学目标，而没有及时引导学生回归课堂主题，致使出现游离于教学目标的对话现象，因而影响教学的效果。在对话教学课堂中，教师一定要明确教学目标，围绕这一目标开展对话交流，避免对话的游离性，追求教学的有效生成。

第三，对话的无效性。一些浅显易知的知识就没有必要展开对话交流，教师要充分调动学生的积极性，鼓励学生积极参与对话交流，避免教师的自问自答独白式的对话。

3. 创设情境，自主生成性教学

教师在具体的教学过程中，要善于创设情境，引导学生在具体的教学情境中自主学习，让学生在自主学习中自主建构新知识。

在教学实践过程中，为了达到预设的教学目的，教师从教学实际需要出发，引入、创设与教学内容相匹配的情境，以调动学生的情感体验，帮助学生准确地理解教学内容，促进学生自主生成、自主建构知识的能力。创设情境的方法有视频导入法、音频导入法、实践活动法、朗诵法等。不管采用哪种方法，宗旨就是如何更好地促进学生在情境中自主学习、自主生成、自主建构知识。

（三）高中语文生成性教学的有效性评价

高中语文课堂教学是学校教育生活中的最重要的组成部分，直接影响学生现在与将来的发展，同时也会影响学校的声誉与未来的发展。因此，我们要运用科学的评价策略对高中语文生成性教学的有效性进行评价。

1. 高中语文生成性教学的有效性评价标准

面对一堂高中语文生成性教学的课，我们要评价这堂课的生成是否是有效，那么我们对其评价的时候必须有一个标准。具体的标准如下：

（1）注重"以人的发展"为中心，看学生在语文生成性教学中是否获得语文知识以及发展语文能力，是否有利于每一个学生个性化的发展，是否有益于教师提高自身的教学水平，是否有益于帮助教师提高自身的专业发展水平。

（2）注重评价的过程性，突出课堂动态生成资源的意义。我们的评价不再过分关注定量评价，只追求数字结论，即学生分数的高低，而应该重视过程性评价，对教师的工作与主观努力加以肯定，高中语文生成性教学的有效性评价，取决于它是否有利于提高学生学习语文的兴趣。

（3）注重以新课程三维目标为导向，针对课堂教学中出现的生成性问题，教师是否能及时机智地运用教学策略方法有效落实三维目标。

2. 高中语文生成性教学的有效性评价原则

高中语文生成性教学的有效性评价原则有以下三个方面：

（1）以人为本原则，是重视生命个体的问题，即新课程理念提出的要尊重每一个学生，尊重每一个学生的个性差异。因此，教师只有依照"以人为本"的理念来对高中语文生成性教学的有效性进行评价，才能有助于教师因材施教，才能让每个学生都能健康成长，才能使教师与学生充分展现人生价值。

（2）发展性原则，是要用动态发展的视角来评价高中语文生成性教学的有效性。新课程提出以学生的发展为宗旨开展教学工作，所以在生成性教学过程里，教师的教学目标、教学内容、教学过程、教学效果都要以"学生的发展"为核心展开教学工作。运用发展性原则来评价高中语文生成性教学的有效性，关键是看学生的知识与能力有没有得到发展，学生的个性有没有得到发展。

（3）客观性原则，是评价者客观地反映生成性教学中的教学行为与教学效果。评价者通过与评价客体对话交流的方式对高中语文生成性教学进行客观的评价，最终达到解决问题、提高教育教学质量、发展学生的语文素养的目的。在评价过程中，要避免评价的随意性和主观性，避免挫伤评价对象的积极性与自尊。

3. 高中语文生成性教学的有效性评价方法

高中语文生成性教学的有效性评价方法，主要有以下两个方面：

（1）教师评价与学生评价相结合。传统的教学评价方式主要是以教师评价为主，学生自评与学生互评基本不存在。随着新课程的改革，在教学活动中，越来越强调学生的主体地位。因此，在教学评价中，逐渐采用教师评价与学生评价相结合的评价方式。在具体的教学过程中，教师最了解班上的学生，包括学生的性格、爱好、学习能力与学习状况。在生成性教学过程中，教师主要对学生的认知水平、学习能力进行评价。教师评价有利于学生自己找出学习过程中的未掌握的知识点，从而查漏补缺，以便更好地掌握知识，有利于激励学生更好地学习，从而促进学生的发展。学生评价可以分为学生自评与学生互评。学生评价是对教师评价的补充，这两者的结合是为了更好地发挥评价的诊断、激励与导向的功效。因此，为了更好地评价高中语文生成性教学的有效性，要求教师评价与学生评价相结合。

（2）定量与定性评价相结合。在以往的教学评价中，课堂教学的评价过分关注量化评价，片面追求学生的分数，忽视了教师为教学工作所付出的主观努力和学生的学习基础等方面，这种过分追求分数的定量评价方式，显然是有局限性的。因此，我们更需要有科学性的、描述性的文字等材料进行定性评价。定量与定性评价相结合，有利于对高中语文生成性教学评价的客观性，有利于调动教师与学生的积极性，有利于生成性教学工作的有效开展，有利于教师与学生得到共同的发展。

三、高中语文线上教学的有效性

（一）高中语文线上教学的有效性建议

1. 对教师的建议

教师作为课堂的总设计师，在提高线上教学效率中起着非常重要的作用，所以想要提高高中语文线上教学的有效性，教师必须从其教学观念、教学能力等方面做出改变。

（1）加强对教师线上教学技能与知识的培训。教学能力是教师进行教学的基本能力，要想提高教学效率，教师自身的素质是非常关键的因素之一，教师应该秉持终身学习的理念，不断丰富自身的知识底蕴，提高自身教学能力。

教师不仅要提高其基本的教学能力，对于计算机等多媒体线上教学设备的运用能力也必须提高。教师应该熟悉常用的线上教学软件的基本功能，如线上教学中常用且必不可少的直播功能、语音功能、签到功能、在线测评功能等。利用线上教学中多种便利的沟通方式，加强与学生之间的交流互动，与学生建立亲密的情感联系，力求营造和谐的网络课堂氛围。

另外，教师还应该提高其信息化素养，教师可以通过网络学习、同伴交流、线上教学实践与反思等多种途径提高自身信息化教学能力。面对海量的网络资源以及各式各样的线上教学工具，教师要提高其检索能力、辨别能力、整合能力、利用能力，科学地选择与运用线上教学工具，精选出高质量的线上教学资源，然后将其高效地利用起来。教师还要善于接受新信息，及时更新资源库，掌握线上教学的前沿动态，保证教学的有效性。

（2）提高教师的互联网平台与技术利用效率。互联网平台与技术具有非常强大的功能，提高其利用效率有利于提高高中语文线上教学的有效性。

第一，教师可以利用互联网平台拓宽高中语文的教学资源。高中阶段的学习是非常重要的阶段，这一阶段对高中生的语文知识获取提出了质与量的双重要求，教师应该利用互联网技术和平台结合学生的知识需求，整合和精选优质的线上教学资源丰富学生的语文知识，夯实语文基础，开阔语文视野。面对海量的教学资源，教师应该取其精华、去其糟粕，在进行网络课堂之前，利用网络平台，收集并整理这堂课所能涉及的所有资源。

第二，教师还可以利用互联网技术创设线上课堂情境。线上教学由于其特性，在课堂情境方面具有很强的直观性，在线上教学中的视频、音频、动画等教学手段更容易将抽象的语文知识以更加直观的方式展示给学生，教师可以利用线上教学的这一优势，创设更具趣味性的多媒体情境。加上处于高中阶段的学生本来就对互联网具有浓厚的兴趣，教师可以利用这一优势，巧妙地借助互联网平台创设更加形象生动的教学情境，激发学生的学习兴趣。

第三，教师可以充分利用互联网平台来为学生扩充学习手段。在传统的教学模式中，由于时间和地点等的限制，导致教师在组织语文教学时，所使用的教学手段与方法过于单一，在这种情况下学生的学习方式也必然不会很丰富，以至于学生学习新知识仅仅是通过课本和教师讲授的方式来获取。线上教学的推广，为传统教学模式的转型注入了新的活力，学生的学习环境更为丰富了，学习的趣味性和自身的文化修养也提高了。所以，教师应该积极利用网络技术，为学生开创更为丰富的学习手段。

第四，教师还可以利用互联网平台构建教学反思机制。教学反思是教师各方面能力获得成长的重要举措，现阶段的线上教学还处于发展期，还存在许多问题，处于一个费时又低效的阶段。因此，教师可以利用互联网平台建立完善的教学反思机制。在线上教学实践实施的过程中教师可以通过建立高中生语文学习跟踪评价体系、创建新型教学模式等措施来保证评价反思体系的科学有效性。

（3）建立完善的线上教学评价机制。教学评价机制主要是以教学效果为出发点，线上教学与传统教学的一大区别就在于是否面对面的教学，线上教学的非面对面交流就会导致师生互动的延时性，而这种延时性增加了教学效果评价难度，所以线上教学应该建立适应其教学模式的评价机制。

第一，以学生学习需求作为开展有效教学评价的立足点，线上教学以学生为主体，所以教师应该尊重学生的主体地位，发挥自身的引导作用，深入学生群体，了解学生的学习需求，立足需求，帮助学生制定自我评价的标准以及评价指标，引导学生通过课堂学习客观地评价自己，了解自己的学习现状，发现自己学习中的困难与不足，积极地改进与完善自我，从而促进学生语文素养的提升。

第二，制定多元化的线上教学评价模式，提高线上教学评价的科学性。除了引导学生进行自我评价之外，生生互评、教师评价也是非常重要的。教师应该遵循科学的评价原则，确立准确的评价指标，保证评价信息的高效性，评价维度的全面性，采取科学合理的评价标准，根据学生思维与性格发展的特点，制定出适合不同发展特点的学生的评价模式。

另外，教师在线上教学中也应该运用科学合理的评价语言来评价、激励学生，提高学生学习的积极性。教师对学生的评价要有导向性，应该多使用引导性的评价语言来引导学生向着正确的思路思考，特别是在学生回答问题困难的情况下。教师对学生的评价还要有适时性，要及时对学生的学习行为做出评价，强化其好的学习行为，更正其不好的学习行为。例如在学生回答完之后教师应该多使用肯定性的语言来维护学生的自尊心和积极性。即使学生回答错误，教师也应该耐心地引导学生自己及时地改正。

（4）高中语文教师必须更新教学观念。教师要从其传统的教学观念中转变过来。教师首先要转变其教学方式，引导学生自主学习，注重对学生自主学习能力的培养，让学生通过丰富的网络资源自由地学习；其次应该充当学生学习的引导者，知识建构的促进者，而不是学生知识的灌输者、讲述者，通过增强其教学的趣味性等方式激发学生学习的主动性和积极性。线上教学本就是一种新颖的教学方式，而对于新鲜事物，处于青春期的高中生本就有着很强的好奇心，教师应该积极利用学生的这一心理，结合线上教学的优势，提高学生语文学习的积极性与主动性。

2. 对学生的建议

"学生是教学活动中最重要的因素，所有教学活动都是围绕学生展开的，是教学过程的出发点，是所有教学活动的中心，是提高高中语文线上教学有效性的关键因素"。① 所以学生应该积极借助外力因素努力提高自己的综合能力。

（1）提高自主学习的能力和意志力。

第一，学生应该提高自主学习能力，学生可以通过制订学习目标与学习计划等方式提高自律、自觉、自主能力。学生要自觉做好课前准备，按照教师的要求和自己的学习计划做好课前预习；课堂内要集中注意力，结合教师的讲授将知识点内化；课后结合录播视频、课件等资源及时复习并整理所学知识点，自主认真地完成教师布置的课后作业。

第二，还可以通过家校联动的方式，促进学生自学、自律。语文教师应该辅助学生制订学习计划与目标，引导学生自主学习，同时应该加强对学生学习过程、学习效果的测评与反馈。教师在上课之前将相应的网络学习资源通过班级群等方式发给学生，引导学生做好课前预习和自主探究学习。课中，教师还可以通过讨论、学生展示、提问等方式检测学生的自主学习效果。课后，教师可以将录播视频等相关学习资料发给学生，让有需要的学生自主复习，慢慢培养学生的自主学习习惯，增强自主学习意识，提高自主学习能力。

另外，家长的外力监督与引导也是至关重要的。家长可以通过教师发布的学习计划、反馈的学习情况等信息辅助学生做好网络课程学习，督促学生合理制订学习计划、安排学习时间、按时完成学习任务，帮助学生做到劳逸结合，提高学生的学习效率。

（2）加强与教师的互动交流。在线上教学中，加强师生之间、生生之间的交流互动非常有必要，尤其是要加强教师与学生之间的情感交流。可以通过线上教学平台促进师生之间的沟通与交流，如教师可以通过课堂提问、在线问题抢答等方式实现与学生之间的互动，还可以布置在线讨论任务，促进生生之间的交流、互动；学生也可以通过语音、视频通话、私信、留言等方式向老师请教问题，加强与教师之间的联系。

在线上教学中加强交流不仅有利于教师及时掌握学生的学习情况，根据学生反馈的信息及时对自己的教学计划、内容、进程做出调整，还有利于学生的疑问和困难及时得到教师的指导与帮助。另外，加强师生之间、生生之间的情感联系，还有利于营造和谐的课堂氛围，从而提高线上教学的有效性。

（3）提高学生信息获取能力和数据分析能力。网络资源非常丰富多样，但其质量参差不齐，高中生由于没有经过专门的信息检索技能培训，所以缺乏相应的信息获取与鉴别能力，即使能够找到一些语文学习资源，其质量也很难保证。由此可见，提高高中生的信息获取能力和数据分析能力是非常有必要的。教师或学生可以专门给学生开设一堂关于信息检索与鉴别的课程，或者学生可以通过互联网平台自主地学习一些信息获取的技巧。教师

---

① 杨能群. 高中语文线上教学的有效性研究［D］. 漳州：闽南师范大学，2021：47.

还可以给学生整理一些网络学习平台和电子资料资源库，如慕课（MOOC）平台、学习通、作业帮等在线辅导平台，再如中国知网、万方数据库、维普数据库等电子资料资源库。

另外，教师也可以在上课前给学生布置一些动手查询资料的任务。例如可以让学生查询课文的背景资料、作者相关知识等，并鼓励学生将所收集的资料进行筛选、整合、建立自己的资源库，并在课堂上随机选取一两名学生的成果进行展示。在课堂上也可以穿插一些资料查询任务，如在学习《故都的秋》时，教师可以给学生布置一个以"秋"为关键词，查询相关的古诗词及名篇名句的比赛，学生可以选择小组合作，也可以独立完成，最终以搜集到的古诗词和名篇名句的数量为衡量标准。这样的课堂活动不仅会提高学生学习的积极性与主动性，更重要的是还可以训练学生的信息获取能力和分析能力。

（二）线上—线下的融合式教学

线上—线下的融合式教学是指通过学习理论、学习资源、学习环境和学习方式等的混合，将两者的优势结合起来，这种线上、线下的融合教学有着极大的优势，不仅可以拓宽学生的学习资源，而且扩大了学生的学习环境。因此，如何有效实现"融合式教学"，首先应该大力提升教师的综合能力，教师应当保持终身学习，不断提升自己适应信息技术发展的能力以及自身的综合教学能力；其次对学生学习动力的激发也是必不可少的环节，要加强对学生自主学习的引导，利用丰富的线上教学资源调动学生学习的主动性和参与度；最后还应该提高教学管理水平，要全面推进融合式教学的改革，离不开领导层面的重视、相关部门的合作、管理部门的观念转变。

在具体的线上—线下融合式教学实施过程中，可以将"线上"教学作为"线下"教学的前期准备，把"线下"教学当作"线上"教学的延伸与深化。两者是一种相辅相成的关系，而不是把"线上"教学作为一种辅助手段或者锦上添花。另外，高中语文教师在开展融合式教学的过程中应当将课堂教学与学生的生活相结合，采用多种线上教学方式与线下教学相结合。

第二章　高中语文教学的内容体系

第一节　高中语文教学的交流

教学即交流，没有交流的课堂犹如一潭死水，缺乏应有的生机与活力。"在语文教学活动中，教师和学生作为参与这一活动的主体，都应该积极而又主动地进行交流①。"只有这样，我们的教学活动才能顺利展开，教学目标才能得以完满达成。

语文教学交流既与一般交流有共同之处，也有其自身的特点和类型。交流的顺畅与教学管理的有效密切关联，而两者对于语文教学目标的达成具有不可忽视的意义。

一、高中语文教学交流的类型

无论是对于课堂中的教学性交流，还是生活中的人际交流而言，交流的方式是非常多样的。然而我们却可以按照一定的标准对其进行分类。例如，可以按照交流的效果如何，将交流分为有效交流和无效交流；也可以按交流信息的载体来分，把交流分为言语交流和非言语交流。同时，还可以依照其他的标准，将交流加以分类。以下主要探讨按照上述两种分类标准划分出来的四种交流形式。

（一）有效交流与无效交流

教师的语文教学是一定要讲究效果的，对于教师课堂教学的重要部分——教学交流而言，也是要达到一定的效果的，这也许是我们置教学交流于应然状态下的一种美好的理想追求。但是在突然状态下的教学交流更多的时候表现为一种无效的状况。在语文教学中出现了较多的无效交流，教师作为主要的信息发送者应当承担主要的责任。

（二）言语交流与非言语交流

我们所理解的交流时的言语，既可以表现为口头言语的形式，也可以表现为书面语言

---

① 孙凤英. 高中语文教学与写作研究［M］. 西安：世界图书出版西安有限公司，2017：48.

的形式。而非言语交流则表现为面部表情、声调、姿态等形式。在语文教学交流中，言语由于能直接表达信息发送者的思想观点，而成为师生交流的主要载体。然而只有言语的交流是远远不够的。因为人类是富于情感的高级动物，表达人类喜怒哀乐的众多情感单凭言语是无法达到的。要想把人们内心的情感更好地展现出来，更需要非言语信息的帮助。因此，教师要善于灵活运用言语信息和非言语信息，使它们恰到好处地为我们的语文教学交流服务。

二、高中语文教学交流的影响因素与要求

高中语文教学交流是否顺畅受多种因素的影响，了解这些影响因素，才能更好地遵循相关要求，采取有效措施。

（一）高中语文教学交流的影响因素

在语文教学交流中，师生之间的交流要有序地进行，需要综合考虑各方面的制约因素。一般而言，影响语文教学交流的因素主要有以下方面：

1. 学生个体差异

不同个性的学生在课堂上表现出不同的行为，他们的智力、学业能力倾向、兴趣、学习方式以及阅读和数学方面等基本知识存在明显的差异。以下探讨与教学交流有直接关系的心理方面差异：

（1）智力差异

第一，认知发展的个别差异。认知发展的个别差异突出地表现在人的思维差异上。从皮亚杰所说的前运算到具体运算的过渡，和从具体运算到形式运算的过渡，在不同个体身上存在显著差异。此外，思维越是发展到高级水平，学生之间的差异也就越大。甚至是同一个人在某一学科领域的思维可能达到形式运算水平，但遇到新的困难时，其思维又会退回到具体运算水平。而且，个人在某门经验较丰富的学科能进行形式运算思维。有研究表明，青少年一般在自然科学领域中出现形式运算思维，在社会科学领域的思维发展较慢。

第二，认知风格的差异。认知风格的个别差异，也许是与教学关系最为密切的个别差异，它本身就是学生学习的一个重要方面，影响着师生的相互作用。认知风格一般指两个基本方面：一是指个体在学习中处理信息的方式；二是指个体在对事物做出反应时所使用的策略。它总是与人如何处理学习中的信息或解决问题有关的。心理学家经过研究，确认在不同的个体身上，有着不同的认知风格：注意刺激的整个特征与考察刺激的细节相对；区分刺激为几个大范畴与区分刺激为许多小范畴相对；直觉的归纳思维与逻辑的演绎思维

相对；快速冲动的反应行为和缓慢会导致学习结构在速度和精确性方面及在品质方面的差异。

第三，智商的差异，仅就智力测验而得到的智商而言，可以看到，人在智力发展上是有一定差异的。

（2）性别差异。由于男女两性在生理和社会生活环境，特别是社会对他们的期待上的不同，形成了男女心理上的差异。从在校学生的情况来看，男生和女生主要在以下方面有差异：

第一，兴趣。在高中阶段，男生与女生的兴趣会有明显的变化。例如，男生喜欢科学，喜欢读各种书报，参加航模、无线电等科学实验性质的课外活动；女生则多对小说、电影、电视、音乐等感兴趣。

第二，成就动机。例如，男生的成就动机是内因激发的，即求知欲，或渴求活动本身的成功；而女生的成就动机是由外因激发的，多数想获得父母、教师或同学的赞赏。

第三，情感和意志。对于在情感、意志、人际交往等方面的性别差异受到研究者的重视，心理学家就男性气质和女性气质做了大量的研究。所谓男性气质和女性气质，是指与男女两性生物学上的差异密切相关的个性差异。例如，富有进取心、有支配欲等被认为是男性的特点；而温和、能容忍、有些忧郁则被认为是女性的特点。由于女生在生理上比男生早熟，所以对社会、生活和人生等方面更关心，情感成熟度高于男生。

以上讲到的这些性别差异特征，仅仅是指性别的群体倾向性，具体到一个学生的发展过程，可能表现出性别的典型特征，也可能在某些认识能力上偏离群体特征，而表现出自己的个性特征。

（3）自尊程度的差异。自尊程度强的人，对自己评价很高，对别人的评价往往偏低；自卑的人，对自己评价较低，而对其他人往往评价较高，在与他人交往中力求让他人接受自己。自尊心强的学生很注意教师对自己的评价，大多主动地按照教师的要求去行动。教师纠正他们的不符合要求的行为时，一般不需要有严厉的批评。

2. 教学目标

教学目标是否明确影响到课堂交流与教学效果。在传统语文教学观中，教学目标是指教师为贯彻和落实教育目的、完成具体的课堂任务所预设的一些具体的教学要求，它强调大纲和教材的规定性和教学效果评价的直接性。新的语文教学观认为，课堂是主体与主体之间的理解和合作，是主体与客体之间的沟通和对话，是个体主动建构的过程。

3. 教学规则

课堂是教学活动的主要场所，语文教学是教学的主要形式，完善教学管理，建立语文教学规范，对于优化育人环境，维护正常教学秩序，保证和提高教学质量，都是十分必要的。为了达到这些目标，不同的学校或教育机构都制定了一系列的语文教学规则。

（二）高中语文教学交流的具体要求

1. 教育公平

教育公平是要保证教学公平，就是要达到教育起点和教育过程公平。教育起点公平就是要让每一位适龄学生有学上，而教育过程公平就是让孩子们上质量有保证的学。在九年义务教育基本普及的今天，我们所提倡的教育公平更多地表现为教育过程的公平。语文教学作为教育过程最重要的组成部分，应该成为体现教育公平的主阵地。因此，教师在与学生进行语文教学交流时，应该让更多的学生参与进来，从而能够促进尽可能多的学生的全面而充分的发展。

另外，从教育学以及教育公平的角度来看，教师在进行语文教学交流时，不仅要关注学习成绩优异、性格开朗的学生，而且更要特别照顾那些学困生、性格内向者，从而使我们的课堂中不存在处于"边缘"位置的学生，每一个学生都能实现其自身的充分发展。

2. 明确教学目标

语文教学活动是为了实现一定的教学目标而组织起来的。因此，课堂中教师与学生之间的交流需要有明确的教学目标。在实际的教学中，有很多教师往往顾此失彼，要么紧扣了教学目标却不能很好地与学生交流，要么与学生展开了充分而有效的交流却偏离了教学目标。两者之间的关系应该是：教学目标统领教学交流，而教学交流要为实现教学目标服务。教师作为教学交流的主要信息发送者应该承担主要的责任，尽力在教学目标与交流之间取得平衡，尽可能地实现教学设计时预先设定的教学目标。这里并不是指我们的教学活动要始终按照预先设定的进程来进行，教师可以根据与学生交流获取的反馈信息，及时地对教学进程进行调整，但是这种调整也是为了能够实现整堂课的教学目标。

3. 保护学生自尊心

在日常生活中，人与人之间的交流是以相互尊重为前提的。同样地，在语文教学交流中，教师与学生之间的交流也需要彼此尊重对方。因此，为了不辜负教师对自己的期望，在以后的学习中，学生会表现得更积极、更努力，以崭新的姿态对待学习。随着学生学习态度的转变，学习成绩也会有明显的提高，这样会使学生的自信心大增。

4. 倾听学生的想法

在语文教学交流这一活动中，教师和学生都是作为主体而存在。由于教师在语文教学交流中是主要信息发送者，但这并不能成为影响学生作为信息发送者的权利的理由。事实上，教师作为信息发送者所体现出来的"教"是为了促进学生更好地"学"。教师向学生发送各种信息是以教师心目中所理解的学生为依据的。由于教师对学生的理解存在一定的主观性，教师心目中的学生与现实中的学生会存在一定的差距。为了实现师生之间的有效交流，就必须尽力缩小差距。因此，教师在语文教学中要为学生创造尽可能多的机会，来让学生说出自己的心声。同时，在学生说的过程中，教师要认真倾听学生发言，这是教师了解学生，获得教学反馈信息的良好机会，同时也是锻炼学生口头表达能力的有效办法。

5. 重视发展学生的能力

无论是教学内容的选择，还是教学进程的安排，目标只有一个，那就是要促进学生各方面的发展。教学交流作为课堂中的重要组成部分，应该成为促进学生能力发展的有效推动器。教师可以通过提问、探究等方式引导学生分析问题、解决问题，以便发展他们的思维能力。教师也可以通过营造一种开放的课堂交流氛围，让课堂成为批判性思维、创新精神的发源地，从而培养学生的创新能力。这样学生的学习更多地表现为发现学习或有意义地接受学习，更少地表现为机械地接受学习。

三、高中语文教学交流的过程

"交流"这一活动的展开，一般需要两个有联系的主体同时存在，并且这两个主体之间存在着相互的信息传递，即当其中的一个主体把信息传递给另一个主体时，接收信息的这一主体就会对收到的信息加以吸收并进行加工处理，同时把处理结果以信息的形式反馈给发送信息的那个主体。在我们的语文教学交流中，教师和学生都是作为信息交流的主体而存在。为了达到良好的教学效果，师生之间应该进行广泛而深入的交流，从而实现一种我们所期望的"教学相长"的目的。

在交流的过程中，我们一般将发送信息的那一主体称为信息源或发送者，而把接收信息的这一主体称为受众或接收者。为了说明问题的方便起见，在此我们将发送信息的那一方称为发送者，而把接收信息的一方称为接收者。事实上，光有发送者和接收者的存在，信息的交流也是不能顺利进行的。发送者发出的信息必须借助于信道才能实现高效而可靠的传递。同时在整个过程中会受到噪音的干扰。

在交流过程中，信息是一种能够激发人们思想的言语的或非言语的行为。词语可能会形成信息。在我们的教学活动中，大量的信息以言语的形式而存在。其实，除了言语可以作为信息的载体以外，信息也可以以非言语的形式呈现。信道是指从发送者到接收者所经过的渠道。一般而言，人们的最基本感觉可以作为信道。我们能够通过光波和声波使他人看到或听到我们的信息。电子和印刷的交流媒介可以作为信道。另外，作为信息的发送者

（教师）需要选择合适的信息，并对这些信息以接收者（学生）能够理解的方式进行编码，以便将这些经过编码的信息通过各种途径传达给一个或更多的接收者（学生）。

接收者指的是发送者为其发送信息的人。在语文教学交流中，虽然教师和学生都是信息的接收者，但是学生是主要的信息接收者。无论是教师还是学生，一旦接收到信息就必须对其进行解码。解码一般包括四个过程：听—看、解释、评估、反应。

第一，听—看。在教学交流中，听—看是解码过程的第一步，学生通过听来接收教师发送的言语方面的信息。对于教师发送的如面部表情、声调、姿态等非言语信息，学生要通过看来加以接收。

第二，解释。解释是解码过程的第二步，是学生对接收到的信息的加工处理过程。一般而言，学生接收到的信息会与其大脑中原有的与之相关的背景知识之间发生相互作用。当新接收到的信息与其认知结构中的背景知识相一致时，就会对这些信息进行同化处理；如果不一致时，就会对认知结构中的知识进行改造，使其顺应接收到的新信息。由于学生在其认知结构中受背景知识、教师信息编码方式等因素的限制，学生对接收到的信息加以解释得来的意义会与教师要传达的思想之间可能会存在一定程度的偏差或失真。同时学生会自以为是地认为这种存在偏差或失真的解释是正确的，在以后的考试中遇到相应的试题就会胸有成竹地将这种解释以答案的形式展现在答题纸上。这样教师可以通过答案来了解学生对自己所传递的信息在理解上有多大程度的偏差或失真。

第三，评估。学生对教师传达的信息进行解释以后，就会对这些信息的价值进行评估。他们就会认为某些信息对自己有用，而有些信息对自己毫无用处。一般而言，学生对知识价值的评估存在很大的主观性。学生会从自身的需求以及外在的情形来评判信息的用处大小。例如，学生会从今后职业发展的角度来评估从教师那里接收来的信息。如果有利于今后职业的发展，认为其价值重大；如果与以后的职业发展相关性不大，就会认为其不重要。事实上，从学生素质的全面提升以及教育的终极目标来看，无用的知识往往对人的全面发展是最有利的。

第四，反应。一旦评估结束后，学生会开始对他们所接收到的、解释的、评估的信息有所反应。这种反应有时候以外显的形式表现，而有时候又以内隐的方式存在。在课堂教学交流中，反应可以帮助教师决定教学进程的方向。因此，为了让更多的学生跟上教师的教学步伐，获得充分发展，需要教师以敏锐的眼光来捕捉学生的每一个细微的反应，及时得到反馈信息并做出相应的教学调整，使自己的教学回到与学生相适应的正常轨道中。

在语文教学交流中难免会出现影响课堂交流的"噪音"。它可以发生在交流过程的任一环节，可以在发送者中、接收者中，以及在信道中，它可以先于交流过程而存在，甚至交流过程结束后仍未终止。然而，噪音并不是教学交流过程的一个基本组成部分。但是，噪音几乎总是存在的。因此，我们应尽最大的努力将噪音造成的干扰降到最低限度。

教师作为主要的信息发送者会产生两种类型的噪音：第一种情况就是，教师本身对教学内容的理解存在模糊性，这种模糊性可以表现为教师不能对众多信息进行取舍，选择出适合大多数学生并能实现教学目标的最优信息组合，这样会导致只有部分学生达到对知识的掌握程度。也可以表现为教师把自己认为正确的、而事实上却是被歪曲了的或教师自己也是部分理解的信息传递给了学生。在这种情况下，所能出现的最好情况就是学生只能部分地理解教师传递的信息。第二种情况存在于编码过程中。教师在对信息进行编码的时候，会存在对编码过程、学生的心理需求或者学生对于学习内容的认知和情感立场等方面不了解的情形。在以上的任何一种情况下，信息都可能变得不适合学生接收。

噪声在信道中可能存在于电子媒介中，表现为静电干扰或闪烁，这样会使得交流的信息变得模糊。在我们的教室中，与教学内容无关的声、光、味会吸引学生的注意力，从而使得语文教学交流变得困难。而教室本身也会把一些噪声因素带入交流过程，例如，不合适的温度、不舒适的（或太舒适的）座位和分散注意力的黑板展示。对于任何人而言，教室中的其他学生也会给自己带来噪声的干扰。

在接收者中的噪声因素对于交流的干扰，就像发送者中的一样。学生中的噪声表现为他们的态度、价值观、早期学习经验、愿望、动机、需要等因素对接收信息的干扰。一般而言，当学生接收到信息时就会产生一定的反应。因此，在语文教学交流过程中，学生的心理很可能是一个影响很大的噪声因素。

第二节　高中语文教学的过程

高中语文教学过程是指学生在教师的组织和指导下，有目的、有计划地学习课文及语文基础知识，进行读写听说训练，从而使学生获得语文知识、形成语文能力的过程。语文教学过程包含着教师教的过程和学生学的过程。研究教学过程的特点，是教师工作的中心。因为教学任务的落实、教学目的的实现必定要通过一定的教学程序。教师的教与学生的学只有通过教学过程才能达到各自的目的，追求教学过程的最优化，就是教学的高质量。

一、高中语文教学过程的特殊性

第一，认识对象的特殊性。语文教学过程是学生掌握语言规律、培养言语能力的过程。学生学习言语并非从学校开始。此外，从校内到校外，从集体到个人，到处都受母语的影响，所以，语文教学的组织和实施有更广阔的场合、更多的方式、更便利的条件。

第二，教学手段的特殊性。在语文教学中教学手段与教学目的基本一致。即在言语技能训练中培养学生的言语能力。虽然其他学科也有听说读写活动，但言语只是充当教学手段。语文教师要充分认识自己的言语行为对学生的巨大影响，要注意用规范的言语讲课，要做到言之有物、言之有理（有条理、有说服力）、言之有情、言之有趣。

第三，思想感情的特殊性。语文教学过程中包含着极为丰富的感情因素。语文课本中大量的优秀作品富有诗情画意、充满人间真情。教师要充分利用这些有利条件，同时做到自身言语的以情动人，让学生在学习过程中既学得知识又获得情感愉悦，以潜移默化的方式培养高尚情操和完善健康人格。

二、高中语文教学过程的类别划分

人们根据各自的认识，按照不同的划分标准，将语文教学过程划分成不同层次不同类型的教学过程。这有利于教师根据不同类型的教学过程，采用不同的教学策略，设计不同的教学模式。

第一，根据教学内容、能力训练目的不同，中学语文教学过程可分为：①阅读教学过程；②写作教学过程；③听话能力训练过程；④说话能力训练过程；⑤语文知识教学过程。

第二，根据不同层次、时段，中学语文教学过程可分为：①中学语文科的整个教学过程；②学期语文教学过程；③单元课文教学过程；④单篇课文的教学过程；⑤单节课型。

三、高中语文教学过程的特点分析

（一）稳定性与变动性特点

语文教学过程一般是按照学生学习语文的规律来安排的，如写作文，一般有"观察—取材—整理—构思—成文—修改"等基本阶段，有一个从模仿到独立创作的过程。学习过程就是朝着既定的目标一步一步地"循序渐进"，这个"序"就是规律。语文教学的有序，使得教学过程有了稳定性。但是，如果把教学过程理解成是静态的、固定不变的，就会使语文教学成为一个僵死的模式。每一节课的教学目的不同，教学内容不同，教学方法不同，学生的思想状况、知识积累、感情状态不同都会使教学过程发生变化。所以，语文教师要对语文教学过程进行不断的研究和探索，而不要把某种具体的方式当成普遍适用的过程，使语文教学程式化。

（二）阶段性与连续性

语文学习要循序渐进，读课文，一般有一个感知课文—理解消化—复习巩固—练习运用的基本步骤，这些步骤体现了语文教学具有阶段性。

阅读教学、写作教学、听说教学都有阶段性。阶段的划分有助于教师针对一个阶段的学习内容、学生状态来制定教学目的和教学方法。但是，阶段性的划分也不是绝对的。读课文时，在感知中有理解，在理解中又有新的发现，在练习中加深理解，在运用中又有新的感知，在写作过程中，边观察边整理材料，使得教学过程有了连续性，语文教师在执教过程中要根据这种情况统筹把握教学进度，在某个教学阶段中，既突出教学重点，又兼顾一般的知识积累和能力训练。

（三）整体性与局部性

整体性与局部性的特点在阅读教学中体现得尤为明显。文章是由词句相连而成的，离开词句去理解文章自然不可能，每个词句只有放在具体的文章中才可能理解它的确切含义。因此，从根本上说整体包含了局部，局部从一个方面体现着整体，整体和局部是统一的。在阅读教学中理解一篇文章的合理顺序应该是"整体—局部—整体"。因为只有从整体上把握了文章作者的感情、思想、文章的内容、形式特点，对局部的理解才能更为准确、透彻。

第三节　高中语文教学的方法

一、高中语文主题单元教学

（一）高中语文主题单元教学的实施

第一，整合教材内容，确定主题。高中语文课程资源丰富，教材内容庞杂，教师要运用系统思维，通观高中三年教材，并进行整体规划。根据系统思维的相关性原则，整合教材中的文本，寻找相似、相近、相关的文本组成一个单元，从这些文本中提炼出共性，将其作为本单元的主题。在这一主题的指导下，再进一步整合课外材料，并将其作为本单元的学习素材。当然，主题的选择和确定也可由学生来选择，或者师生共同选择。由学生参与主题的选择，学生会有更高的学习热情。

第二，确定学习目标、教法与学法。确定学习目标这一步骤本质上与其他教学方式是一样的，只是作为单元教学，要将整个单元作为一个大系统，确定单元的教学目标，同时还要确定这一大系统下的子系统，即各个专题要达到的小目标。教法和学法并不排斥传统的方法，但更注重有利于培养学生的系统性思维、自主学习能力、探究能力和合作能力的教法和学法。

第三，创设学习情境。遵循系统思维的相关性原则，根据单元内容，针对学情，选择创设合适的学习情境。

第四，分解主题，设计单元教学环节。根据系统的层次性原则，为达成单元学习总目标，分解主题，从不同的角度和方面设计相关的专题，然后再将专题进一步分解，设计主题单元的各个具体的教学环节。在设置教学环节时，要注意做到紧扣单元主题，同时也要做到顺序合理，由浅入深，由易到难，由教师引导学习到学生自主学习。

第五，准备单元学习资源。主题单元教学中的学习资源包括信息资源、工具资源、人力资源和环境资源等。现在的主题单元教学中最常用到的资源有以校本教材形式提供的拓展阅读材料、音频视频资源、网站资源、各种工具资源等。主题单元教学离不开资源的支持，丰富的学习资源不仅有助于拓展学生的知识面，有助于学生更好地完成学习目标，而且有助于培养学生的现代化技术和能力。

第六，确定评价方式及评价标准。主题单元教学要走出传统教学只注重结果的误区，更多地关注学生的发展过程。教师首先要根据教学目标和教学环节，选择本单元中最能体现教学目标的学习成果或最有可能影响目标达成的学习环节作为评价对象，然后选择、制订合适的评价方式和评价标准。主题单元教学中的评价往往不止一次、不止一个方面，所以要根据不同的评价对象和评价目的选择不同的评价方式。而且，评价标准要明确、科学、合理。在主题单元教学中，最常用的评价工具是各种评价量规。评价量规的制定要根据教学目标来设计不同的准则，描述量规的语言要具体、清楚，层次要鲜明，要有可操作性。量规的制定尽量让学生参与其中，学习小组也可以制定本小组的评价量规。评价量规可以在评价环节提供给学生，也可以在单元学习之初就展示出来。在学习之初让学生了解评价的方式和评价的标准，对学生的单元学习具有引导性，有利于学生明确学习目标和方向。

（二）高中语文主题单元教学的注意事项

1. 教师要具有系统思维

主题单元教学需要教师有较高的自身素质，需要教师具有系统思维，能够运用整体性、层次性、相关性、有序性和环境适应性原则，设计安排单元教学；主题单元教学需要教师拥有对文本较强的解读能力、对同一主题内容的综合能力以及拓展能力，需要教师投入大量精力与物力；主题单元教学需要教师具有新的教育理念，课程改革要求教师要从"教教材"转变为"用教材教"，能够灵活运用教材，创造性地使用教材，适当地对教材文本进行整合重组，敢于自编校本教材。

主题单元教学与传统的逐篇课文学习相比更具挑战性。单课教学目标落实相对较短、较细，主题单元教学课时周期长，在教师心目中不如单课教学稳当。在高考压力下，有部分教师不敢尝试。要想改变这一教学现状，高中语文教师要改变应试观念的影响，敢于打破已熟悉的教学模式。

2. 教学主题选择要遵循学科特点

主题单元的选题看似是很宽泛的，但是如果像某些教材那样完全按照社会生活主题组织单元教学，只重视语文学科的人文性特点，而忽视语文学科的工具性特点，那么就会造成"泛语文化"的问题。因此，主题单元的选题必须遵循系统的相关性原则，遵循语文学科自身的规律，在选题时需要注意以下方面：

（1）选题要符合课标要求且立足教材。课程标准是教师教学的立足之本，主题单元的选题必须以课程要求为根本依据，教师不能"唯教材论"。但是，由专家组精心设计的教材，在紧扣课标和立足教学大纲这两方面，比其他资料要好得多。当然，立足教材并不等于拘泥于教材、局限于课本，而是要有所超越，打通课内外，甚至跨越学科。

（2）选题要考虑主题单元的集中性和相对独立性，以及各单元之间的联系性。每个单元自身是相对集中的，是一个独立的系统，每一个专题和问题都是要紧扣主题来设计的。单元与单元之间相对独立，又相互联系，都是高中语文教学这一大系统中的存在关联性的小系统。因此，教师在选题时，要运用系统性思维，通观三年的学习，考虑每个单元的知识与能力目标如何在教学中有序地、有层次地完成。换言之，在选题时要考虑系统的整体性原则、有序性原则和层次性原则。

主题单元注重学习内容的开放性和综合性，因此在选题时不会局限于本学科和教材。但是，教师必须严格按照课程标准和考试大纲的要求组织教学，拓展延伸必须基于语文教学的基础。

3. 拓展课与活动课要注重实际

主题单元教学是一个完整的系统，每一个环节都必须围绕单元主题展开，各个环节之间必须是相互联系的。课程改革之后，语文课堂的拓展环节和语文活动课的形式越来越丰富，课堂上是否有拓展、拓展和学生活动是否精彩、形式有没有新意成了评价一堂语文课是否成功的标准。为了追求新意，出现了为拓展而拓展、为活动而活动的现象，许多拓展、活动与课堂教学内容缺乏联系，缺少整合。

拓展和活动是主题单元教学这一系统中两个重要的环节，是与单元文本和单元目标紧密联系的。拓展要有度，一是拓展的内容难易程度要适当；二是拓展的内容要与主题、教学目标、单元文本有紧密的关系。题目太难或太空泛，学生都无法完成，于是就成了无意义的拓展，而拓展要与单元学习的文本和学习目标有较密切的联系，要遵循系统思维的相关性原则。

活动课的设置可以很好地体现语文课程标准所倡导的自主、合作、探究的学习方法。所以，活动课在课改后被教师广泛开展。但是，主题单元中的活动课是由课内向课外延伸的，必须具有"语文性"，要紧扣单元主题。活动课只是为单元学习提供一个学习平台，创设一个单元学习的情境，因此要以提高学生的语文能力和素养为落脚点。

4. 主体单元教学评价要重视科学性

课程标准提倡评价主体多元化，使评价成为学校、教师、学生、同伴、家长等多个主体共同积极参与的交互活动。课程评价有多种方式，每一种方式都有其优势和局限，都有适用的条件和范围。如今，教师们越来越注重形成性评价，但是在教学实践中却出现了评价烦琐化问题，评价量表过于琐碎，为了记录量表，影响正常的学习和教学的现象时有发生。因此，制定评价量规，提高评价效率，要注意以下方面：

（1）紧扣单元主题和学习目标。要依据学习目标的预设要求，划分、确定评价量规的若干评价项目；要充分地研究学生的认知特点、能力基础，评价项目不能脱离学生的实际，要求不能过高。

（2）等级描述要具体。各个等级间的差异要明显，这样才能保证量规的可操作性强。

（3）根据学生能力发展，需要有针对性地分配评分权重。在此过程中，每一个评价量规的权重分配最好采用百分制或十分制。

（4）师生共同研究、确定学习任务完成的方式，共同设计评价量规。在实际操作时，要根据实际情况及时调整量规，使之更好地为主题单元教学服务。

综上所述，高中语文主题单元教学作为一种新的教学方法，在实践中不可避免地存在一些问题，这需要高中语文教师不断加强理论学习，特别是系统论的学习，在实践中不断摸索、不断改进，使高中语文教学更加科学，更好地为时代发展服务。

二、高中语文写作教学

（一）语文写作能力的结构

能力是作为掌握和运用知识技能的条件并决定活动效率的一种个性心理特征。一个人具有某种能力，就意味着他有掌握和运用某方面知识技能的可能。那么，作文能力所指的显然是具有运用有关写作方面的知识技能的一种个性心理特征。那么，构成作文能力的这种个性心理是怎样的结构，一般将其划分为两个层次：一是作文的一般能力，包括观察力、联想力、想象力、思考能力、记忆力等；二是作文的特殊能力，包括审题、立意、选材、结构、语言表达、自评修改等能力。作文的特殊能力还将涉及一些具体的技能。为避免重复，以下重点论述作文的一般能力。

第一，联想力。联想有各种分类的方法。一般按照联想产生的内容来分类，可分为相似联想、相关联想和相对联想，这三类联想的方法，在写作过程中都有重要意义。

第二，想象力。研究想象力，必然要涉及表象这一概念。表象，即在记忆中所保持的客观事物的形象。阅读时要运用想象，主要是再造想象，即借助于作品语言的提示，对记忆中的表象进行改造和重新组合；写作时所运用的想象主要是创造想象，即不依据任何现成的描述，直接以记忆中的表象为材料，独立地进行分析综合，加工改造，从而创造出新的形象。

第三，思考力。客观事物直接作用于人的感觉器官，使人产生感觉和知觉，这时，人们只能认识事物的个别属性或个别事物，只能把握各种事物和现象的外部联系，这种认识水平具有很大的局限性。人们还要运用分析与综合、抽象与概括、比较与归类等智力操作对所感知的信息进行加工，并调动头脑中的认知结构积极参与事物的本质和内部联系，这种认识活动就是我们平时所说的思考，这种认识能力就是思考力。

总而言之，写作过程是一个感性思考和理性思考错综复杂地交织在一起的过程。要使对事物的认识不断深化，要使材料的组织安排合乎逻辑，离开理性的思考是不可能的。人们的写作活动是输出，而输出的前提是要有存储，有积累，而且应当是长时间地不间断地存储积累。其中表象的积累，虽然也离不开文字符号，但其心理基础是对具体形象的记忆；除表象外，作文材料的积累也还应包括各方面的知识以及丰富的语言材料。由此可见，记忆力是写作活动的基础能力；没有良好的记忆力，写作必然内容贫乏，形式单调，言无文采，就很难写出优秀的作文来。

（二）写作教学的过程与方法

1. 写作教学计划的编制

作文是个性化很强的一件事，它不同于数理化，要实施科学的训练是很难的。但作文的基础要打好，写作的基本功必须扎实。换言之，就是学生必须能熟练地运用语言这一工具进行表达，这就要求教师编制好作文教学计划，以便按照一定的目标，有步骤地对学生进行系统的扎扎实实的作文训练。

鉴于作文的个性特点，作文教学也为教师提供了很大的创造空间。过去和现在，许多优秀的语文教师，从学生的实际出发，根据教学大纲的要求以及自己对作文教学的理解，编制了很有特点的作文教学计划。其中有些经过教学实践的检验，证明是成功的。

2. 写作教学的立题与指导

（1）作文的立题。此处不用命题，而用立题，是因为"命"字，包含有"给"的意思，而"给"的主体当然是教师。在作文过程中，我们强调学生是主体，从确立题目开始，就要同学生一起讨论，有时，教师给一些参考题，最后仍由学生自主选择确定，故称为立题。

学生的作文，有许多是没有题目的，大量的日记、随笔、读书笔记等，都没有题目，这种有感而发的自由练笔，学生获益很多，是应当加以提倡的。但按题作文的练习，也是必要的。确定题目的过程，对学生而言，也是明确要求、活跃思维的过程，有时还包含着立意、选材、构思的过程在内，应加以重视。作文题目的类型，大体有以下两类：

第一，与阅读相联系的题目。高中生先要能从文章提取主要信息，进行缩写，并能根据文章的内在联系和自己的合理想象，进行扩写、续写，还可以变换文章的文体或表达方式，进行改写。

第二，与阅读无直接联系的题目。

首先，词句式命题作文。像高考曾考过的"习惯""春雨"等，这是最传统的命题方式。在作文练习的体裁、难易水平等基本确定的情况下，题目怎么出才好，一般要考虑三个方面的问题：一是题目要有新意，以激发写作兴趣；二是题目要小，要具体，以便激活想象和联想；三是题目的措辞要注意触动学生心灵，调动情感。情感是人对客观事物所持态度的情绪体验。作文命题若能动之以情，就可以打开学生心灵宝库的大门。

其次，话题作文。所谓话题，即谈话的由头，引发考生由此说开去。"话题"在表达形式上，也是一个词语或一个短句，这一点与词句式命题作文相似；但它不是作文题目，从而给学生以较大的自由度。"话题作文"一般给一段材料，这与给材料作文也很相似；但它的目的不是给作文以种种限制，而是给个说开去的引子，以启发学生活跃的思维，激发学生的丰富联想。

话题作文的限制既然主要是言说范围，那么在立题时，首先要考虑的一定是这言说范围与学生的所思所想，以及其认知水平的一致性。话题范围可以分为：热门话题、社会人生、感悟世界、自然环境、真知灼见、读书学习、名言警句、寓言故事、科幻想象、创新思维等，这当中虽然有些交叉，但可以看出，教师在力图引导学生把眼界放宽的同时，始终把学生的心理及其实际水平作为设计话题范围的出发点。其次，话题作文的引言一般具有两个特点：一是广阔的启发性，可以激发学生多角度、多侧面的联想和想象；一是包含一定的人生哲理，给学生以深入开掘的较大余地。在立题时，要编制好"引言"这段文字，并认真推敲语言。

（2）作文的指导

第一，审题的指导（表2-1）。

表2-1 审题的指导

方法	内容
审读圈点法	有引言的话题作文，常常用到这种方法。在审读圈点的基础上，应明确两点：①题目的限制有哪些。关于话题言说范围的限制、题目"自拟"的要求、字数的规定、体裁的限制等，都应加以明确；②题目从哪些方面引发联想。在审题阶段，当丰富的联想被激发之后，就要做一点比较鉴别的工作——把自己最熟悉的最有把握写好的内容筛选出来，并据此拟出题目，确定体裁，从而完成审题的工作
结构分析法	结构分析法一般适用于词句式命题作文，作文题或为独词，或为一个短语，或为一句话。遇到这种问题，就要分析各个词语的意义及其相互间的联系，准确把握题旨；再根据题旨，明确所"限"和所"给"，从而完成审题的任务。题目结构不同，其表意重心也不同。题目是偏正结构的，其表意重心往往在偏的部分。偏正结构的短语，正为中心词，偏的部分起修饰或限制作用；从逻辑上说，修饰限制性词语对中心词语所表述概念的内涵与外延有关键作用，因此要特别予以重视。题目是联合结构的，词之间不分主次。题目的表意重心就在词与词之间的关系上。题目是动宾结构或主谓结构（主谓句）的，其表意重心往往在谓语动词上。题目是独词的，其表意重心就在它的本质特点，或者其比喻意义、象征意义或引申意义上。由此可知，文题的表意重心是有规律的。在抓住表意重心后，还要进一步根据题目分析和联想，把写的范围、中心、体裁、写法等一一确定下来，才算完成审题的任务
题目补充法	话题作文和词句式命题作文，都有可能用到这种较强的问题，可在文题的前、后或中间补充相应的内容
比较辨题法	人们在认识事物时，常见的问题是容易注意其一般性，而忽视其特殊性，在逻辑上，就是减少内涵，扩大外延，这种思维上的问题，也会反映到作文上来，如把"新人新事"写成"好人好事"。因为"新人新事"一般而言是好人好事，但"新人新事"还自有其特点，如带有新的时代的特点，反映一种新的观念、新近发生的事情等。像这种情况，就可以用比较的方法。通过比较，帮助学生准确地把握题意，培养学生思维的严密性和深刻性

第二，写作过程的指导。从教师自觉运用心理规律进行写作指导来看，大体有以下思路：首先，运用联想的规律指导作文。教师有意识地运用相对联想的规律，收到了好的效果。除了运用相对联想的规律外，相似联想、相关联想的运用更为普遍。教师的操作，除了设计导语外，选择一段阅读材料、一段音像资料或一篇范文来启发联想，效果也是很好的。关键是有两个问题要处理好：一是媒体的选择，即用哪些文章、怎样的导语等来诱发学生的联想；二是教师语言的"搭桥"作用，即教师怎样帮助学生与媒体之间建立联系，这两个问题解决了，联想规律的运用就可以很自如，而且可以取得很好的效果。其次，按照认识规律来指导作文。人们对事物的认识总要经过从感性到理性、从特殊到一般的过程，在这一过程中，人们的认识得以不断深化。许多教师把这一规律运用于作文指导，帮助学生拓展思路，提炼中心，发展认识能力。

（三）写作教学的评改质量

1. 教师对学生作文评改的主要内容

（1）教师作文评语。作文的"评"，是指教师对学生的作文进行客观公正的评价，它包括作文评语与作文讲评。作文评语是指教师给学生作文写出的评价性文字，作文讲评是在作文评语的基础上，通过教学语言对评语内容进行拓展深化。作文评语可以看作教师对学生作品的二度创作，成为学生习作的一个延伸。作文评改要以学生为主体，教师要把评改的主动权交还给学生。

第一，作文评语对学生心理的影响主要包括：首先，评语能够影响学生的心灵世界。作文从某种程度上表明了学生对人生对世界的看法。如果教师能够把评语看作一个能与学生交谈的平台，就有可能进入到学生的心灵世界，实现与学生精神的沟通与思想的交流。因为作文评语本身也是教师心灵世界的反映，是教师个性、人格、学养的浓缩。故教师通过评语，可以以情动人、以理喻人。其次，评语能够激发或抑制学生写作兴趣。一般而言，注重评语写作的教师的班级，写作热情相对较高，作文成绩提高也较明显。

第二，作文评语对学生写作能力的影响，主要包括两个方面：首先，教师的评语能够丰富学生写作知识。作文评语，从某种意义而言，就是一种写作的指导。教师或多或少会在评语中涉及一定的写作知识，透露自己的写作观和写作修养。其次，教师的评语能够提升学生写作技巧。虽然写作技巧具有很强的个性化特征，掌握写作技巧不一定就能写出好文章，但拥有写作技巧无疑可以增强学生的写作信心，奠定学生的写作基础，保证学生的写作具有一定质量，这是在学习写作知识的基础上所做的进一步提升。例如，教师在学生写作的观点提炼、主旨突出、角度选择、结构安排、材料取舍、语言运用等方面给予针对性的指导，学生就能较为快速地进入作文之门。

（2）教师作文讲评

第一，作文讲评与作文评语的共性，包括三个方面：首先，目的相同。作文讲评与作文评语的目的与目标是一致的，都是为了着指出作文的高下优劣，提出修改的意见及努力的方向等。其次，对象相同。作文讲评与作文评语都是指向学生的言语产品，并通过言语产品复原学生的写作过程，从而对学生的写作行为进行剖析、指点。最后，手段相近。作文讲评与作文评语大都是通过教师的分析判断、点拨引导来达成目标的。因此，教师对学生作文的理解、教师的鉴赏能力与语言表达水平，决定着讲评与评语的水平。

第二，作文讲评的优势。由于作文讲评的手段与方法不同于作文评语，故其效果可能会更好，或能在一定程度上弥补评语的不足，可以从以下四个方面的比较中看出：

首先，作文评语机械单一，作文讲评机动灵活。作文评语只有一种形式，即教师在学生的作文上用文字符号来表达自己的看法，故受到的限制很多。而且教师一般是看一篇写一篇，故缺乏全局性与比较性。而作文讲评是在教师对学生的作文写下评语甚至做过修改后进行的，因此，教师对学生某次作文有比较全面的了解，又因为是口语表达不受书面表达的各种限制。换言之，作文讲评课中教师既可以一点突破，也可以面面俱到；既可以讲全班总的情况，也可以就某几位同学的典型问题进行讲评；既可以在课内进行，也可以在课外展开等。另外，作文讲评可以引入各种教学元素，如可以通过网络开展作文讲评，可以通过投影仪、多媒体等进行作文讲评，这自然是作文评语所做不到的。而且，作文讲评还可将学生先前的作文情况随机结合，也可纵横交叉地开展作文比较，在比较中分析优劣，寻找规律。作文讲评甚至还可以通过"诵读"的方式来进行。特别值得注意的是，口头表达具有很强的修正性，教师讲过的东西可以随时补充修正。总而言之，作文讲评机动灵活的特点，使其教学的有效性显得更为突出。

其次，作文评语属单向交流，作文讲评属多向互动。作文评语，师生之间的交流是单向式的，学生难以就教师的评语进行进一步的交流，学生的疑问得不到及时的解决。而作文讲评，无论是一对一，还是一对几或一对数十，它都是面对面进行的。教师讲评过程中，学生可以随时提问甚至反驳争论，教师也可根据学生现场的反应，对讲评的内容、重点及讲评的形式等及时做出相应的调整。讲评中学生还可以通过讨论，求同存异。总而言之，只要教师在讲评中发扬民主教学的精神，注重学生的知识与能力的实际水平，尊重学生的情感态度价值观，那么，课堂上就很容易出现对话碰撞、思维共振的场面。

最后，作文评语高耗低效，作文讲评低耗高效。写评语固然针对性强，容易写出个性但概括性不强，容易做重复无效的劳动；而且，作文评语需要笔头表达，这将消耗教师大量的时间和精力。教师只能选择自己认为最关键的东西来写，因此其传达的信息量较为有限。故评语存在两大明显的不足，即受益面十分狭窄，操作效率较低。作文讲评则不同，教师一般都选择每次作文中的典型问题来分析，重点突出，不会重复，信息输送量大；讲评的作文虽然可以少至三五篇，但由于面向全体学生进行，故受益面甚广。在讲评课中，学生可以通过质疑问难，探讨辩论，既留意自己的作文，也关注到同伴作文。虽然教师不可能拿全班学生的作文作例文讲评，但一般教师在评析学生作文时都是匿名进行的，教师的意见和建议并不仅限于所评作文，而是针对全班学生的，故能够体现教学的平等性及普适性。

第三，作文修改内容。"改"是在"评"的基础上进行的，但相对作文评语的写作，作文的修改也许更为复杂、更耗时间，对教师个人素质的要求也更高。能把文章修改好，所产生的效果应当比评语和讲评更好。因为，教师的修改从某种意义上而言，就是一种写作示范。作文的修改主要涉及两大方面：修改的内容与方法。以下主要针对作文修改的内容进行探讨：

首先，关于作文修改内容的观点。作文修改的内容难有定论，不同的教师根据自己的爱好、特长、习惯会有不同的看法。修改作文的内容可以包括开头与结尾、文章内容、文章结构、语言表达。教师或学者对作文修改内容比较一致的看法是：作文结构重首尾；文章主体重思想（或主旨）；材料选择重恰当；语言表达重文采与流畅。

其次，重建作文修改内容体系。确定作文修改的内容，重建作文修改内容系统，有必要从"纵、横、表、里"四个维度着手进行。所谓"纵"，即历时性考察，指教师通过综合考查某学生一段时期的作文，来确定本次作文需要加强哪些方面的修改。所谓"横"，即共时性比较，指教师将当次所有学生的作文集中考查，通过横向比较，发现共同存在的问题，进行集体修改。对个性化很强的问题，则在作文本上进行个别修改。所谓"表"，即表面、表层，是对能够直接观察到的作文硬伤的修改，例如错别字、误用标点、病句、修辞不当、结构与逻辑混乱等。所谓"里"，即难以直接观察到的作文的一些本质性的问题，这些问题需要经过教师深入的思考分析才能发现。

2. 教师作文评改质量的具体标准

根据作文评改的内容，参考高考作文评分标准，可以制定合乎科学规范、具有一定的针对性和可操作性的作文评改质量标准。

（1）作文评改质量标准质性描述

第一，描述"写"的质量。"写"指的是教师对作文的评语，评语主要有四种形式，即眉批、段批、尾批、夹批。每一种批改方式都有自己的特点，在具体的评价过程中，为了方便对四种批改形式进行综合的运用，我们一般会将评价分为四个等级（表2-2）。

表2-2　"写"的质量评价等级

等级类别	主要内容
优等	内容有很强的针对性，非常个性化，能够表述出具体明确的内容，能够为学生带来启发；言语非常得体，学生乐于接受；表达也非常形象活泼，能够有趣地传达道理；内容充实，情感充沛，能够带动学生的情感；形式变化多样，有较大的感染力；语言表述流畅，合乎规范，有示范作用；书写美观，卷面整洁，能够传递出愉悦感
良等	内容有较强的针对性，也比较有个性，表述的内容相对明确，能够为学生带来一定程度的启发；言语表达相对符合学生的心理，学生相对容易接受；表达比较生动，偶尔能够传递出表达的情趣；言语能够传递出一定的感情，在一定程度上可以打动学生；言语也有一定的变化，有一定的感染性；语言表述相对流畅，合乎语法规范、修辞规范、逻辑规范；卷面书写相对整洁和美观
中等	内容的针对性一般，内容偶尔能够表现出个性，表述的内容相对简单，能够给学生带来的启发性不大；言语表达当中客套的表达居多，不太符合学生的心理；表达不生动，整体表达缺乏情趣；言语更加注重就事论事，不太关注学生情感的激发；言语形式比较单一，也不够流畅，甚至会有个别错字、语法不通顺的情形出现；卷面书写不够整洁、不够美观
差等	内容几乎没有针对性，也没有个性，表述的内容非常简单，不能为学生带来任何的启发；言语表达非常不符合学生的心理，会给学生的心理造成伤害；言语表达没有任何情感，非常机械化；言语形式没有变化，没有艺术性和感染性；语言表达不流畅，很难读完；言语表达不符合规范，不符合逻辑性；卷面书写非常潦草，非常不美观

第二，描述"讲"的质量。"讲"指的是教师对写作做出的讲评，既包括写作之前的，也包括写作之后的，但是主要针对的是写作之后的讲评。讲评有很多种形式，如常规形式、专项形式、个别形式、集体形式等。在具体的讲评过程中，需要综合运用各种讲评形式，质量评价可以根据学校对课堂教学的评估标准来定，在这里我们依旧将其分为四个等级进行详细的阐述（表2-3）。

表2-3　"讲"的质量评价等级

等级类别	主要内容
优等	课前准备工作非常充分，教案写得非常详细认真；选择的例文非常恰当，具备很强的典型性；在讲评的过程中突出重点，有强烈的针对性；讲评注重和学生的交流互动，学生有非常高的参与度；讲评例文时情绪非常饱满，有强烈的情感共鸣；讲评注重培养学生的兴趣，保护学生对写作的积极性；讲评时时时刻刻关注学生的反应，根据学生的反应及时调整讲评方式以及讲评内容；讲评的过程当中除了讲授知识之外，还主动引导学生关注作文规律，培养学生写作能力；在讲评过程当中注重审美因素和思想教育的高度融合

等级类别	主要内容
良等	课前准备工作相对充分,教案相对认真;例文选择相对而言恰当;在讲评的过程当中能够把握一定的针对性;讲评会关注学生的主体地位,学生能够参与到讲评过程当中;讲评例文有一定的感染力;讲评关注学生的心理,对学生写作积极性有一定的引导;讲评相对灵活,可以根据需要做出内容和方法的调整,讲评能够对审美和思想教育的融合进行一定程度的处理
中等	课前进行了一定的准备,但是并没有认真地处理教案;讲评选择了例文,但是例文的选择不够恰当,也没有很强的典型性;讲评过程当中不太关注学生的参与程度,过于注重自己的讲解;在讲评当中,虽然能关注学生的兴趣和积极性,但是不能充分调动学生的兴趣和积极性;讲评过程缺乏灵活性,不能根据需要做出及时的调整;讲评过于注重传输知识和技巧,不太关注学生审美和思想水平的提升
差等	在讲评之前不做准备,不准备教案,没有授课计划,没有授课目标;不选择例文或者非常随意地选择例文;讲评根本没有针对性,也没有重点内容,甚至脱离教学目标,完全自说自话;在讲评当中完全不重视学生的参与,将学生抛弃在活动之外;讲评死板,没有感染力;讲评当中甚至出现负面情绪,不保护学生写作的积极性,也不注重引导学生对写作的兴趣;讲评内容不真实,甚至有错误的知识;讲评不关注学生审美能力和思想认识水平的提升

第三,描述"改"的质量。"改"指的是教师对学生作文进行的直接修改,并不是教师对学生提出的比较抽象的修改建议。我们一般将修改分为四个部分:一是"增",指的是学生作文中如果有疏漏或者描述得不够充实,那么教师应该为其做出增补的修改;二是"删",指的是学生作文当中,如果有重复或者写得比较烦琐,教师应该为其做出删掉的修改;三是"调",指的是如果作文中有词语句子段落的混乱,那么教师应该为其做出调动的修改;四是"换",如果学生的作文中词语使用不贴切、不恰当,教师应该为其做出更换的修改,修改也可以分为四个等级(表2-4)。

表2-4 "改"的质量评价等级

等级类别	主要内容
优等	能够准确地找出修改点,只修改学生需要改动的地方;能够对错误的地方做出准确的修改,修改力度掌握得非常恰当;修改表现出规律性,修改有较高的示范性,学生可以参考和模仿;修改符号使用得正确标准

等级类别	主要内容
良等	能够较好地找到修改点，基本能改正学生的错误；能够较好地把握修改的力度；修改有一定的规律；学生能够根据老师的批改学到很多；教师对修改符号的使用相对恰当
中等	能抓住修改的重点，修改的过程当中会丢掉一些需要改动的地方；对修改内容的把握力度一般，细节把握不足；修改并没有体现出较强的规律性和示范性；学生根据修改能得到的启发不多；不能够科学规范地使用修改符号
差等	找不到修改重点，甚至会修改原本正确的内容；修改表现出非常强烈的随意性，修改完全没有规律性；会使用错误的方法修改错误的内容，甚至会使用错误的方法修改正确的内容，对学生造成了不好的误导；修改符号使用混乱错误

以上的性质描述可以大致地评价教师修改作文的质量，通过以上方法可以快速方便地判断出教师的评改质量，但是无法对评改做出细致的评价，而且这种评价非常容易受到主观的影响，所以作文评改还需要制作出量化形式的标准。

第三章 高中语文教学的模式构建

第一节 高中语文教学——情景教学

一、情景教学的重要方法

（一）创造视听情景

"视听情景创造法主要是把音乐、电影和图片等内容和教学课程结合在一起，帮助学生在以此为基础创造的环境中发散自己的思维进行想象，让学生能够积极主动地探索章节知识"①，这种情景教学方法离不开现代化的科学技术手段，老师可以提前在网络上找好有关的影视图像，使用多媒体教学工具在课上组织学生观看。在学生看视频之前给学生留下读一遍课文的时间，让他们结合书本内容观看影视图像，了解并分析人物的形象特征，以及语言描写特点和修辞手法的使用，这种视听相结合的形式可以增强学生对课本人物性格的了解与认知，在仔细斟酌人物的话语、服装和容貌之后，感受到作者的用心，从而深刻体会到文章的内涵思想。以上方式不但可以顺利地完成教学标准规定的任务，还引导学生欣赏了我国的古典文化，激发了学生的学习热情，让他们积极主动地探索文章主旨。

（二）结合自然社会

语文与自然和社会紧密联系在一起，语文教学旨在引导学生更好地了解自然、了解社会、走进自然、融入社会。认识到自然和人的联系，学会顺应自然规律，不断地从社会中学习，提高适应社会发展的能力。语文源于生活，生活即语文，自然即讲堂，社会也就是学校。语文、自然和社会这三者如此紧密的联系，所以要求学习语文一定要联系生活实际，语文教学要顺应自然社会的运行规律。新课程标准提倡生活化教学，帮助学生从课堂

---

① 　吴继康. 谈情景式教学在高中语文教学中的有效运用 ［J］. 学园，2017（36）：73.

走进自然，从学校迈入社会，把社会生活加入课堂之中。高中语文情景式教学最好的方法就是引导学生进入大自然，步入社会，体验生活，体会人生。在语文教学的引导下，带领学生向自然、社会学习，学会深入自然，适应社会，从而更好地开阔他们的视野，增强人生体验，丰富他们的人生经历，进而树立正确的人生观和价值观。例如，现代有名的教育学家李镇西就把课堂迁到了油菜地，鼓励学生深入大自然，认识大自然，使学生可以从大自然中直接得到体会，从实践中获得感悟。

（三）表演构造情景

利用表演进行情景教学就是要求老师提前把课本内容研究透彻，然后依据书上的情节内容带领学生编排节目，可以采用演讲的方式，也可以采用辩论的方式，还可以利用短剧表演等多种方式构造语境情景。丰富多彩的表演方式不但能够激发学生的学习兴趣，还能提高学生学习的积极性，达成寓教于乐的目标。例如，在学习课文《智取生辰纲》时，老师先组织学生通读一遍课文，然后引导学生依据课文描述分析里面每个人物的性格特征。同时也可以先让学生自由讨论最后进行归纳，再采取自荐或者集体推荐的形式在班级里选出每个人物的扮演者，按照文章内容进行表演。还可以把文章分为几个部分，划分小组让学生分别表演，这种形式的情景教学能够充分发挥学生的主观能动性，学生不但会在上课之前研读书的故事情景，而且会积极预习谈论人物的语言特点，还会运用课外的时间搜寻资料，了解课本以外的内容，在参与表演的过程中，加深对文章内容的理解和学习。

情景式教学是对以往教学方式的一种改变，顺应了课程改革的号召，也是提高高中语文教学效果的一种有效方法。灵活地创建情境进行教学，对激发学生的学习热情、构建生动和谐的课堂环境起到至关重要的作用，促进了和谐友爱平等的师生关系的建立。

情境教学法对于高中语文教学方面具有重要的实践和参考价值。首先对小说的理解和掌握是高中语文教学方面的重要教学目标，教材中也选取了大量经典优质的小说片段来供学生学习和阅读。最重要的是，小说教学不仅有利于促进中学生的阅读理解能力，并且对于树立学生正确的价值观和对人生积极乐观的态度等方面都有着重要影响。因此，教师需要转变教学观念，合理地运用情景教学法，来逐步培养学生学习理解语文、高质量阅读文章的能力。下面从观察生活感受情境、角色扮演切身体会、联系生活创设情境等三个方面展开描述。

二、情景教学在课堂中的运用

下面以小说为例，对高中语文情景教学的运行进行探究。

（一）走进小说并体会情景氛围

1. 观察生活并感受情境

作为高中语文教师，需要去探究课上学生的学习心理，特别是在小说教学中，需要通过引导学生一步步跳脱课本，回归生活中去感受假象情境的发生。在教学开始之前可以提出问题，以此来激发学生强烈的探究欲望，进而引导学生进入主动探寻答案的思维状态，有利于培养学生的独立思考能力，如此一来，不仅克服了传统教学模式中老师灌输，学生被动接受的缺点，又培养了学生独立思考主动探索理解对小说表达的情感深度的能力。同时教师还应在回答学生疑问的基础上，合理引导学生对所提问题进行有效的分类筛选，充分结合小说本身的故事情节、当下时代背景社会环境及人物特有形象等，挑选出最具有研讨价值的问题再进行分类讨论。

2. 探讨情节并设想情境

在学生进行问题探讨的过程中，老师可以充分利用现有的教学资源，为学生提供一定的设备和技术支持。如今的信息技术发展快速，已经出现了越来越多有利于教学活动开展的多媒体技术，可以在教学活动中进行深入的推广和实施。高中语文教材中筛选的小说都是值得中学生精读的经典片段，每一篇小说都蕴含着作者独有的观点和思想，表达着独特深刻的情感。因此，教师可以适当合理地运用现有的多媒体技术，通过播放影视剧、相关音频资料、图画照片等多样化的形式来激发学生学习小说的兴趣，并营造切身走进小说情境氛围，渲染小说情感表达，从而有效地提升学生对小说情境的理解和感悟，促进小说教学活动的高质量开展。

3. 激发共鸣并创设情境

在小说教学中，只有让学生在结合小说本身原有内容的基础上，充分联系自身实际的生活阅历和体验，才能有切身的体会，才能加深对小说所表达的情感和主题主旨的深刻的理解能力。但难点在于，高中语文教材中的部分小说作品所处的年代较为久远，导致和当今时代学生的生活环境及经验阅历差别较远，认知脱节，不利于学生完全流利顺畅地理解作品中心思想等。因此，教师要注意，在创设小说情境时，应尽可能地寻求小说与生活之间恰到好处的中间契合点，做到将小说所描写的生活情景与当今时代学生的生活经验联系沟通，从而才能激发起学生的情感共鸣，才能够深刻地体悟到当时的社会环境，从而自然而然地理解小说的主旨所在。

（二）情景教学的自身反馈

1. 描述文章情境

在小说教学过程中，老师一定要重视培养学生对于文章的理解和语言表达能力，让他们在感受小说情境后，再对相应的情节进行复述，可恰当地加上自己的理解和认知。文章不仅描述了故事情节，同时也揭露了特定时代的社会背景，为我们呈现了特定时代下的环境、人物、思想观念等，有利于增强对人生和社会的理解和认知。因此，教师一定要学会加强对小说主旨的精神、背景、情感等描述，引领学生组织语言表达故事情节，有利于培养学生的表达能力与审美能力。

2. 感受人物形象

在传统的教学过程中，教师主要对故事情节和人物形象心理等方面解释描述，再结合时代环境与人物特点讲解文章内容，重点始终停留在教科书上，这种教学方式在一定程度上限制了教学内容的全面展开。要培养学生对文学作品的理解分析能力和鉴赏能力，教师就要重视对小说人物形象的描述，激发学生的创作兴趣。因此，在语文教学中，一定要让学生主动积极投入实践去体验，对文章内容涉及的方方面面进行感悟和理解。可以增加角色扮演的环节，让学生在扮演角色的同时去切身体会人物形象，从而激发学生的想象力与学习热情，创造一种学生能大胆表现自我的平台，进而一步步达到预期的教学目标。

总而言之，情境教学法是一种卓有成效的教学方法，对于高中语文小说的教学具有重要的实践价值，值得教师推广和学习。在实践教学中，我们还应加强对多种教学模式的探究和考虑，全面提升学生对于文章的阅读理解的学习质量。通过利用形式多样的方法，我们将让情境教学法在高中语文小说教学课堂上发挥它最大的教学价值，提升小说教学活动的质量和效率。

第二节　高中语文教学——自主学习

自主学习是学生在教育者启发、指导下，充分发挥自己学习的主体作用，在学习的整个过程中对学习的各方面，包括学习情绪、学习策略、学习方法与技术等做出主动的调节、控制，从而完成学习任务的过程。同时，自主学习对课堂管理提出了更高的要求，语文教师只有掌握自主学习的课堂管理原则及策略，才能更好地把握课堂，提高自主学习的实效，使自主学习真正落到实处。

一、自主学习的特性

了解、认识自主学习的特性，对于准确理解自主学习是十分必要的，还可以帮助我们走出一些认识误区。自主学习的特征可以概括为自主性、独立性、过程性、相对性和有效性。

（一）自主学习的自主性

自主学习是针对学习活动中教师是教学的主体，学生从属于教师的指挥，被动地在教学内容中按部就班进行发展的统一模式所提出来的，其根本目的在于改变这种不注重学生主体性的片面教学，主张学生积极主动地参与到教学中，根据自己的实际情况确定学习发展的步调、方向和程度。它表现为学生的学习是基于自身内在需要的驱动，积极、主动地从事和管理自己的学习活动，而不是在外界的各种压力和要求下被动地从事学习活动。如果学生学习是在外在压力、反感或排斥情境下的迫不得已，即使学习成绩再好，在学习中投入的精力再多，参与学习的心理成分再多，也不可能称之为自主学习。

（二）自主学习的独立性

独立性是自主学习的核心品质，在学习活动中表现为"我能学"，每个学生都有表现自己独立学习能力的愿望，也都有相当强的独立学习的能力，他们在学校的整个学习过程其实也就是一个争取独立和日益独立的过程。在传统的教学中低估或漠视了学生独立学习的能力，忽视或压抑了学生独立学习的欲望，从而导致学生独立性的不断丧失。自主学习要求把学习建立在人的独立性一面上，要求学生尽量减少对教师和他人的依赖，由自己做出选择和控制，独立地开展学习活动。但是，学生学习的独立性是个由教到学的过程。学生有个从他主到自主、从依赖到逐步走向独立的发展过程。在此过程中，教师的"导"和学生的"学"是绝对不可缺少的。因此，高中教师要尊重和呵护学生的主体性和独立性，逐步培养学生独立学习和解决问题的能力。与此同时，高中教师也应重视学生发展中的个体差异性，要关注个性，因材施教，促进发展。

（三）自主学习的过程性

自主学习要求学生对为什么学习、能否学习、学习什么、如何学习等问题有自觉的意识和反应。它突出的表现在学生对学习的自我计划、自我调整、自我指导、自我强化。自主性的发挥需要在学习活动的过程中加以体现。对于学习者而言，学习活动本身就是自主性能否成功发挥的媒介。因此，自主学习的认识和评价不能离开学习活动，否则只能是空中楼阁。学习活动过程包括学习前的准备工作，学习进程中的信息加工，学习后的评价与反思等。即在学习活动之前，学生能够自己确定学习目标、制订学习计划、选择学习方法、做好学习准备；在学习活动中，能对自己的学习过程、学习状态、学习行为进行自我观察、自我审视、自我调节；在学习活动之后，能够对自己的学习结果进行自我检查、自我总结、自我评价和自我补救。自主性应该在各个阶段都能得以最充分的体现，但是在表现形式上可能有所不同。如果学习者在某个阶段上缺乏自主性，也不能称之为自主学习。所以，自主学习是学习者在学习活动过程各个阶段自主性发挥的统合。

（四）自主学习的相对性

自主学习的相对性，这是由学校教育的基本特点和学生身心发展规律所决定的，它是区别于成人自学的一个基本特征。在实际的学习情境中，完全自主的学习和完全不自主的学习都较少，多数学习介于这两极之间。也就是说，学生的学习在有些方面可能是自主的，而在另一些方面可能是不自主的。这是因为，就在校学生来讲，他们在学习的许多方面，如学习时间、学习内容等，都不可能完全由自己来决定，他们也不可能完全摆脱对教师的依赖。要分清学生在学习的哪些方面是自主的，哪些方面是不自主的，或者说学习的自主程度有多大。做到这一点才可以针对学生学习的不同方面进行自主性的教育和培养。

（五）自主学习的有效性

参与学习的学习者内部因素主要体现为各种心理成分的协同作用。学习者的自我认识、自我体验和自我控制将对自主学习的性质和方向起决定作用，没有正确的自我认识，缺乏自主学习的高峰体验，不能控制学习的目的性和方向性，就不可能有真正的自主学习。此外，这些心理成分还包括与心理过程紧密联系的认知、情感、意志活动，也含有与个性心理密切相关的个性心理倾向性和个性心理特征。学习者的兴趣、需要、动机、理想、信念、价值观等因素构成了激发自主学习的动力因素，对于能否维持自主学习的进行也发挥着积极的作用。而学习者的能力、气质、性格对于自主学习的速度、程度和质量也有十分重要的影响。由于自主学习的出发点和目的是尽量协调好自己学习系统中各种因素的作用，使它们发挥出最佳效果，因此自主学习在某种意义上讲就是采取各种调控措施使自己的学习达到最优化的过程。一般而言，学习的自主水平越高，学习的过程也就越优化，学习效果也就越好。

二、自主学习的原则

根据自主学习的特点，要充分体现自主学习的价值，需要中高职语文教师在组织自主学习时遵循以下基本原则：

（一）目标原则

自主学习的语文课堂管理应当有正确而明晰的目标，它为教学目标的实现提供保证，最终指向教学目标。目标本身具有管理功能，直接影响和制约师生的课堂活动，能起积极的导向作用。并且，目标使学生成为积极的管理者和参与者，对于发挥学生自觉的求知热情，增强学生自我管理能力，也具有积极意义。教学过程中，教和学的活动首先要确定好准确适度的目标，使知识的难度恰好落在学生通过努力可以达到的潜在接受能力上，从而不断构建新的知识结构。在这种目标的适度要求下，教材的处理、教学方法的运用、教学过程的每一环节，都要体现学习目标。只有树立目标意识，教师的教和学生的学才会同步提高。激发学生自主探求的兴趣和欲望，这是构建自主学习课堂教学模式的核心要素。如果让学生根据自身的情况，在老师的帮助下确定对自己有意义的学习目标，自己确定学习进度，那么学生的学习兴趣肯定非常浓厚。让每个学生在课堂中充分行使自己的权利，充分享受学习的乐趣，这就给了学生自由选择的权利，为他们提供了主动探究的空间。

（二）自主原则

教学实践的特殊性要求教师必须具有创新意识，必须全方位确立学生的主体地位，充分调动学生的积极性，注重学生个性的培养。现代教学理论认为学生是学习活动的主体，也就是要让学生自主学习。在语文教学过程中，教师一方面要创造机会，积极为学生提供自由思考的时间和机会，为全体学生创设一个主动探索的空间；另一方面要相信学生，他们有自己的思维方式，有一定的知识积累，对一些知识的学习，学生独立或通过合作能够自主解决。同时，大力创造学习的机会，学生能发现的教师不暗示，学生能叙述的教师不替代，学生能操作的教师不示范，学生能提问的教师不先问，让学生在力所能及的范围内找到更高的目标，同时自主地运用所学知识去解决实际问题。此外，语文教师要立足学生，当学生对知识不理解或操作不规范时，我们要加以引导。自主学习并不意味着任由学生自己学，同样也离不开教师的导。教师要善于在方法上引导，在关键处点拨。

（三）参与原则

自主学习活动取得有效成果的前提就是学生的全员参加和全身心地投入学习。学生只有充分投入，积极参与，才能使自主学习成为可能。为此，自主学习的课堂管理要做到三个方面：一是语文教师应采取各种方法进行热情动员，关注全体学生，促使不同层次的学生都积极参与课堂教学；二是要做到学生在自学活动中多种感官并用，观、读、思、做几方面有机地结合运用；三是要最大限度地把课堂教学的时间和空间交给学生，使学生真正参与课堂，成为课堂学习的中心和主体。

（四）激励原则

在语文课堂管理时，通过各种有效手段，最大限度地激发起学生内在的学习积极性和求知热情。激励原则要求教师在课堂上努力创设和谐的教学气氛，创造有利于学生思维、有利于教学顺利进行的民主氛围，而不应把学生课堂上的紧张与畏惧看作管理能力强的表现。激励原则还要求教师在课堂管理中发扬教学民主，鼓励学生主动发问、质询和讨论，当然，贯彻激励原则并不排除严格要求和必要的批评。浓厚的兴趣如磁石般吸引学生的注意力、思考和想象力，促使他们去积极思考、主动探索。宽松和谐的教育教学氛围的形成，主要取决于教师的民主意识。培养学生的创造力，尤其需要民主的氛围和相对的空间。教师要努力创设一种教学氛围，允许学生有自由思考的时间，鼓励学生争辩、质疑、标新立异。中高职语文教学实践告诉我们，学生如果能在轻松、活跃、融洽的民主氛围中，勇于发现自我，表现自我，敢于发表自己的观点，便会逐渐成为具有大胆精神、个性丰富的人。因此，在课堂上，教师把自己视为学生的朋友、伙伴和领路人，而不是只会一味地发号施令，这样才能创设一个适合学生个性发展的良好氛围，在这种民主和谐的氛围中，创造条件给每个学生提供表现个性、能力的舞台，让学生尽可能地参与教学过程，在活动的参与过程中发展其个性。

（五）自控原则

自主学习课堂管理要求学生自己管理自己的学习，不依赖外界来管理自己的学习活动，这是自主学习的又一个基本特征。自主学习课堂管理表现为学生对学习的自我计划、自我调整、自我指导、自我强化上。语文教师一方面要强化学生的自我管理意识，从而让学生意识到自我管理的重要意义，引起学生对自我管理的认同；另一方面要逐步培养学生的调控能力和自我管理能力，这是促进学生自主学习的重要因素。

三、自主学习的主要价值

（一）社会发展迫切需要

在当今信息时代，由于科学技术的迅猛发展，知识激增的速度不断加快，学习成为人们的终身需要。现代远程教育是随着计算机网络技术和多媒体技术等信息技术的发展而产生的一种新型教育方式，要求学生具有较强的自主学习能力。

（二）教育改革必然要求

时代要发展，教育要改革。新一轮的基础教育课程改革就是提倡以弘扬人的主体性、能动性、独立性为宗旨的自主学习。依照新的课程标准，教学目标与结果、教学对象、教学内容、教学方法与教学过程以及教学评价都与以往的教学有不同的特点。在未来的教育中，自主学习能力既是重要的教育目标，也是学生获取知识、发展技能的重要条件和途径。讲授式教学虽然有其合理的一面，但有一定的局限性。在典型的讲授式教学中，学生并没有得到多少自主学习策略的指导。直到高中阶段，我国学生的自主学习能力发展的总体水平还不高，各种自主学习能力的发展还很不平衡。目前，基础教育将不再把知识的传授作为自己的主要任务，而是把发展学生的能力、教会学生学习尤其是独立学习的能力作为首要目标，为继续学习和终身学习奠定基础。在教学手段上，计算机辅助教学的地位越来越重要。在教学评价上，能够发展学生的自我教育能力将是评价学校教育有效性的关键因素。

（三）个体发展重要基础

首先，自主学习能够提高学生在校学习的质量。自主学习能力强的学生学习行为具有五个共同特征：①相信自己的学习目标和活动有价值；②认为学习对自己具有重要意义；③约束着自己去学习；④利用人力和物质资源；⑤产生的学习效果优于通常的学习成绩。那些在智力、社会环境和接受教育的质量等方面有明显优势的学生，学习失败的重要原因是缺乏自主性。学习好的学生总是自主学习能力强的学生。此外，自主学习是个体终身发展的基础。自主学习是学生走出学校后所采用的主要学习方式，是个体自身发展的必备能力。无论是科技进步还是职业发展，都要求个体必须通过自主学习来不断掌握更新知识的技能，这样才能适应社会的发展，完善自己的生活。没有自主学习的能力，个体的毕生发展将受到极大的限制。

四、自主学习的管理与实施

语文课堂管理是指语文教师在教学活动中通过协调课堂内各种人际关系，吸引学生积极参与课堂活动，使课堂环境达到最优化的状态，从而实现教学目标的过程。课堂管理的根本是创设良好的学习环境和条件，促进学生有效地学习。有利于学生自主学习的课堂管理应该以满足学生的自主要求为切入口，以和谐的人际关系为基础，以学生的自我管理和自律为特征，以积极的师生对话为主要手段。为了促进学生的自主学习，教师可以采用如下一些课堂管理策略。

（一）设置目标任务

1. 创设目标

教学目标是教师进行教学活动的指南，在大多数情况下，教学目标是由国家、学校或教师来确定，学生只能被动地接受这些目标。在这种情况之下，如果教学目标设置不够合理，则会对学生的自主学习造成一定的消极影响。因此，高中教师在设置学习目标时，首先，应把提高学生自主学习能力设为最终目标，并在教学中有意识地强化学生自主学习的能力，将其作为教学目标的重要部分；其次，应设置明确、具体、适度的教学目标来引导学生进行自主学习，并促进学生对教学目标的认同。具体的、近期的、能够完成而又有挑战性的学习目标更有助于促进学生的自主学习。具备这种特征的学习目标更容易让学生经常体验到成功，逐步增强对自己的学习能力的信心。语文教师要在课堂中经常设问，使学生始终沉浸在问题情境之中，获得自我探索、自我思考、自我表现的实践机会。挑战性的目标难度要适中，切合学生实际，学生经过努力能够完成。此外，语文教师还可以以灵活方式引导学生自主确立学习目标，体现目标确立的主动性、开放性和灵活性，使教学目标真正成为学生学习的要求和期望，起到激励学生去探究、去发现的作用。

2. 设置任务

教育心理学告诉我们，学生的学习兴趣源自两种动力：内驱力和外驱力。在自主学习中，学生对学习的需要主要源于已有的知识经验不足以解决面临的现实问题，为了解决面临的问题，学习者的学习积极性将被激发出来，形成学习的内部动机，这是一种积极、持久、力量强大的动机。在这种动机的激发下，学习者的自主学习行为才可以维持下去，也才可以根据自己的情况和外界变化对学习进行监督和调节。学生对知识的兴趣越强，学习的主动性、自觉性也就越强。因此，教师在组织学生自主学习时，应尽可能与学生民主协商学习任务，应给学生以一定的选择空间，以提高学生的学习兴趣，激发学生学习的内部动机。

（二）进行教学设计

有利于学生自主学习的教学，应该凸显学生的自主学习过程，给学生充分的自主学习机会。把学生自己能够掌握的学习内容让学生通过自学、讨论先行解决，然后语文教师再针对学生不能掌握的内容进行重点讲解或指导。在学生自学、讨论的过程中，充分发挥学生个体和集体的学习潜能，锻炼学生的自主学习能力，自学、讨论后不能解决的问题也可以为教师的精讲提供明确的依据，通过语文教师有针对性的重点讲解或指导，学生能够更好地获得问题解决策略。有利于学生自主学习的教学流程主要包括确定学习目标、激发学习动机、自学教材内容、自学检查、集体讨论、教师讲解、练习巩固、学生小结等环节，这些环节构成流程图的主体部分。另外还有教师指导、启发、反馈、评价这一模块，意指在学生确定学习目标、自学教材内容、自学检查、集体讨论、练习巩固等环节，教师主要起辅助、引导作用。下面分别对各环节的要求予以说明。

第一，确定学习的目标。在这一阶段，学生的主要任务是明确自己的学习目标，知道自己需要学什么，学习应达到什么标准以及如何达到这些标准。如果从严格意义上要求学生自主学习，学生的学习目标该由他们自己来制定。但是在学校教育条件下，由于学生在课堂上必须在规定的时间内完成教学大纲规定的学习任务，他们能够自由选择学习内容、确定学习目标的机会较少。一般，他们的学习目标还是要由教师来制定。教师给学生制定的学习目标除了必须反映大纲的要求、体现出一节课学习的重点和难点外，还要尽可能具体、明确，便于学生对照着学习目标自学。为了培养学生的自主学习能力，教师还要注意教会学生设置学习目标的方法。例如，把长远目标分解成具体的、近期的、可以完成的目标，如何围绕目标分配学习时间等。

第二，激发学习的动机。严格地讲，激发学习动机并不是一个独立的教学环节，它应该贯穿于教学过程的始终。教师在学生的每一步学习中如果发现其进步，都应该对他们表扬鼓励，激发他们进一步学习的兴趣和热情。在学习目标呈现之后的学习动机激发可以分两种形式：一是激发学生的好奇心，鼓励学生尝试自学；二是对学生的学习进步进行表扬，对他们的成功能力和努力方面进行归因反馈。

第三，学生自学教材内容。确定了学习目标之后，就可以要求学生根据学习目标及其要求对课本内容进行自主学习。但是自主学习并不是让学生简单地看看书，而是让学生先系统地学习课本的内容，它是学生独立地获取知识、习得基本技能的主要环节之一。在学生的自主学习过程中教师需要注意两点。首先，要保证学生的自主学习时间。概而论之，在试行自主学习教学指导模式的初期，由于学生还没有完全适应，自学的能力和习惯没有形成和发展起来，给学生的自主学习时间要相对长一些；如果学生已习惯了这种教学模式，给他们的自主学习时间就可以相对短一些。如果教学内容相对少些或者是在低年级中，一般把自主学习的时间安排在课堂上。一节课包含的内容多一些，通常采用课外自学与课内自学相结合的方法。其次，在学生自主学习的过程中，教师要勤于巡视，及时给学生以个别指导。要对学生的积极表现给予强化，对那些消极应付学习的学生要批评、督促。为了避免试行自主学习教学指导模式给学生带来更大的分化，一般要求教师给差生的个别指导多一些。

第四，自学检查。自学检查的目的是检查学生的自学情况，为组织学生讨论和教师的重点讲解做准备。自学检查的有效形式是让学生做紧扣课本内容的练习题。通过做练习，教师可以及时掌握学生反馈的信息：首先，哪些学习目标已经完成，哪些还没有完成；其次，不同学习能力的学生分别能完成哪些学习目标；最后，练习中出现错误的原因有哪些。

第五，组织讨论。通过自学检查，一般可以发现，有些学习目标已经完成，有些还没有完成。这表现为有些练习题做对了，有些没有做对。这时候语文教师可以引导学生对练习结果进行讨论，力求通过集体讨论，使学生自己纠正、解答一部分没有做对的习题，进一步理解掌握学习内容。根据已有的教学经验，学生讨论一般从评议练习题着手为好。在这一过程中，语文教师要引导学生讨论习题做对的道理以及做错的原因，把讨论引向深入。一般而言，正确运用一节课所学的知识、定理、规则、结论才能做对练习题。因此讲出做对的道理就是解决了本节课的教学重点。容易做错的地方，也就是学生学习困难的地方。因此说出做错的原因，也就是突破了本节课的教学难点。这样的讨论，既解决了教学重点，又突破了教学的难点，是一种简便有效的教学方法。

第六，教师重点讲解。经过自学和讨论，有些学习内容和问题已经被学生掌握或解决，而有些内容可能还没有被学生理解、掌握，这时就需要语文教师对学生没有掌握的内容进行讲解。在学生的自主学习基础上所进行的课堂讲解具有很强的针对性，是用于解惑的讲解，因此，语文教师要精讲。需要注意的一点是，有时候学生所学内容之间是一种极为严格的逻辑关系，亦即前面的学习内容是后面学习内容的先决条件，前面的内容不掌握，后继的学习就不能进行，这时候，语文教师的讲解就必须与自学检查、讨论交叉进行。也就是说，在每一项学习内容经过学生自学、讨论后，如果发现学生没有理解或掌握，教师就要进行讲解，为后面的学习扫除障碍，而不能等所有内容经过自学检查和讨论后再做讲解。

第七，练习巩固。如果学习目标设置得当，通过学生自学、讨论和语文教师讲解，大多数学生可以初步理解并掌握规定的学习内容。但是到这一阶段，学生们还不可能牢固地掌握和熟练地运用所学的知识、技能，甚至有些学生看似有所掌握，然而实际上是机械模仿例题，并没有真正系统深入地理解所学内容，因此还要通过系统的练习来巩固所学知识。在这一过程中，语文教师要注意设计好变式练习，引导学生学会概括和迁移。有时候还可以设计一些难度较大的题目，使学习走向深入。在练习的过程中，教师还要视情况给学生以个别指导，尤其要给那些有困难的学生以指导。

第八，课堂小结。课堂小结的目的是对当堂所学的内容进行概括、归纳，使之系统化，作为一个有机的知识体系纳入学生的认知结构中。为了发展学生的自主学习能力，培养他们的独立总结和评价能力，课堂小结完全可以由学生进行，教师适当给予补充。课堂小结一般围绕着学习目标所完成的情况来进行总结，要求简洁、全面，反映出学习的重点、难点和所学内容之间的逻辑关系。

（三）创设课堂环境

第一，合理安排有助于学生自主学习的座位。课堂物质环境包括温度、光照、座位安排以及学生自主学习所需学习材料、学习设备等。其中座位的安排对学生的自主学习影响较大，这是因为座位的摆放方式会影响到师生之间、同学之间的信息交流、学习互助，并关系到学生的自主学习是否有一个安静的学习环境。教师对学生的座位安排主要有半圆式、分组式、剧院式、矩形式四种方式。四种方式各有其优势，教师可根据学生的特点、教学的方式和班级纪律情况综合考虑决定采用何种座位安排。一般而言，分组式和矩形式更有利于学生的自主学习，自主学习需要同伴之间的合作互动。但是如果课堂纪律较差，采用半圆式或剧场式对学生的自主学习更为有利，因为这两种座位安置方法能够更好地避免学生的学习干扰。

第二，营造良好的课堂心理氛围。首先，要建立相融、和谐的课堂人际关系。课堂中的人际关系影响到师生之间、生生之间的互动，影响到课堂气氛，对学生的自主学习也有着较大的影响。有利于学生自主学习的课堂是以学生为中心的，而以学生为中心的课堂最为关键的特征是平等和谐的师生关系。而学生感到与教师之间关系相融、和谐，就会产生情绪的安全感，产生更强的自我效能感，从而提高学生自主学习的效率。因此，建立起宽松、平等、和谐的新型师生关系，是促进学生自主学习的重要保障。自主学习要求教师对学生的态度不能居高临下，教师应作为"平等中的首席"对学生的自主学习进行有针对性的指导。有利于学生自主学习的课堂还必须有良好的同伴关系。研究发现，人缘好的学生在课堂中是最受欢迎的，他们具有较高的安全感和自信心，更具备积极的学习心理准备。因此，教师在构建良好的师生关系的同时还要关注生生关系的和谐。其次，营造平等、尊重的课堂气氛。语文教师应实施民主的课堂管理，充分尊重学生。当学生能积极主动参与，提出独到的见解时，教师应予以肯定；而当学生遇到问题时，则要多给予帮助和鼓励。师生之间应彼此理解、信任和合作。在传统教学中，语文教师一般在坚守标准答案的立场上审视学生的回答，而学生自己的思想往往被忽视，得不到真实的指导，仿佛学生的回答只是满足教师教学环节的需要。因此，语文教师必须消除师道尊严的传统思想，真正把学生看作是平等共同合作的伙伴予以尊重，注重学生的发展。特别是从教学语言上要注意多运用亲切鼓励的语言。对于学生提出的问题要给予认真作答，自己感觉没有把握的问题，敢于放下架子。学生在这样一个平等尊重的氛围中，他们的思维是放松的，乐于说和做，积极参与教学，也容易把新知识构建到自己的知识体系中。

第三，用激励提高学生的自我效能感。激励是激发人的动机、调动人的积极性的重要手段，也是发挥教育的重要原则。

在语文教学中，不要轻易否定学生的成果，这样会给学生的心理带来不安全感和怕受批评、紧张的情绪，容易抑制学习的积极性。任何时候，教师都应及时鼓励学生，自信心是创造力的要素之一，教师这种激励性的语言无疑会增强学生的学习信心，有利于调动学习的主动性和积极性。此外，如果教师能够准确地把握每位学生的认知特征和人格特征，形成恰如其分的期望，那么这种期望就会产生巨大的力量，激发学生内在的潜能，并转化为积极实践的动力。为了促进学生的自我管理、自主学习，我们应该鼓励学生进行相互激励和自我激励。如对于为学校、班级争得名誉的同学，要求全班同学向他祝贺，感谢他为学校、班级做出的贡献；同时要求他介绍自己的成功经验，鼓励同学们一同努力。对于学习取得明显进步的同学，要求同学们向他祝贺，同时要求他介绍自己取得进步的经过。对于课堂上回答问题突出的同学，要求同学们对他的回答做出积极评判。小组合作学习取得成功时，以合作小组为奖励单位，而不是分别奖励个人，让小组成员在分享合作成果时相互激励。

当然，激励不仅要有恰当的内容，还要有灵活的表达。激励可以是正面的激励，也可以是十分得体的反面激励。可以这么说，抓住时机、采用恰当的形式、从关心学生发展的角度出发对学生的得体的激励是促进学生自主学习的强大动力。

（四）建立课堂准则

倡导学生自主学习、主动探究、张扬个性，并不是不要纪律和规范，合理的课堂准则，既是提高语文教学效率的重要因素，也是培养学生良好自主学习习惯的重要途径。

1. 学生参与课堂准则制定

有的教师面对自主学习课堂教学组织形式的多样。课堂组织按照教师的指令，井然有序地进行，这样就使整个课堂处于教师的严密控制之下。因为教师牢牢控制了课堂，学生的学习自主性势必受到制约，常常出现课堂讨论不到位，活动放不开手脚等现象。在这样的课堂中，学生往往只有机械的讨论和活动，讨论不到位，活动不充分，思维不深入，这样师生之间就不能真正达到情感互动和思维碰撞。正因为烦琐和严密的课堂管理规范存在，这无形中才给学生布下了条条框框，从而束缚了学生的手脚，课堂目标的落实势必成了一句空话。学生自己选择的方面越多，责任感可能就越强，就可能把更多的精力投入到学习活动中。教师在学习内容、教学程序、学习评价、纪律等多个方面应给予学生选择的机会；听取学生的反馈，请大家提出必要的修改建议，根据学生的反馈意见来改善自己的教学与管理；与学生一起制定课堂规范，并要求学生反思需要制定的这些规则的原因，当学生参与到课堂规范的制定后，他们会更愿意遵守这些规范；在课堂上采用以学生为主导的学习活动，教师讲解、合作学习、独立做作业、集体讨论、表演等多种学习方式，能够使课堂变得生动活泼，更好地激励学生自主学习；让学生进行自我评价，学生对自己的学习进行反思，不仅会使他们对自己的学习产生一种责任意识，而且还会使学生持续不断地自我管理。

2. 自我管理的课堂准则

自我管理是一种帮助学生有效地跟踪和改变自己课堂行为的方法。它包括自我评估、自我记录、自我评价、自我监控和自我指导等。自主学习能否收到良好的效果，有赖于学生学习过程中自我管理能力的高低。教师要提高学生的主体参与意识，培养学生的自主管理能力。在课堂管理中，教师要尊重学生学习的自主权，对学生的学习进行有效的指导，让学生参与到课堂管理中来，让学生认识到学习是自己的事，课堂的管理也是自我的管理，学生本人也是课堂的管理者。教会学生自我管理，可以使语文教师将更多的时间用于教学，而将更少的时间用于管理学生的问题行为。更为重要的是，这种技能一旦获得，学生可以终生受用。可以说，学生自我管理是课堂教学管理的最高境界和归宿。

学生在课堂上的自我管理，表现在心理活动上有五个方面：第一，学生能够自我认识、自我分析、自我评价，既能发现自己的长处，也能看到自己的不足，不断提高自觉性；第二，能够自我体验、自我激励、自我克制和自我调节，不断提高情感的控力；第三，能够自我监督、自我约束和自我磨炼，不断提高战胜自己的能力；第四，能够自我计划、自我检查和自我提醒，不断提高自立、自强能力；第五，能够自我反思、自我感悟，自主维持课堂纪律，自觉解决课堂出现的问题，实现师生对课堂管理权的分享。

3. 提高意志控制水平

在学习的过程中，学生难免会遇到这样那样的学习困难和干扰，如一时难以理解的问题、身心的疲劳、情绪的烦恼和外界因素的干扰等，这时候就需要学生用意志努力来控制自己，使学习坚持进行。意志控制在自主学习过程中所起的作用不同于学习动机。一般而言，学生在学习之初都具有一定的学习动机，但是随着学习的进行、学习困难的增加，学习动机的推动作用会逐渐减弱，而使学习得以坚持的力量是意志控制。换言之，学习动机对自主学习具有更强的启动作用，意志控制对自主学习具有更强的维持功能。因此再强的学习动机也无法取代意志控制在自主学习过程中的作用。正是有了较强的意志控制能力，自主学习的学生才能够顽强地克服学习过程中的困难、排除学习的外界干扰，实现自己的学习目标。

（五）把握指导策略

1. 完善学习能力

在学习的过程中，学习能力是顺利完成学习任务的内隐的个性心理特征，它主要是通过学习策略表现出来的。学习者的学习策略可以分为三类：与具体学习行为有关的策略、与元认知有关的策略以及资源管理策略。具体学习策略指的是在从事某个学科学习时为了经济、效率和成果最大化而采取的个性化学习措施或策略，如记笔记策略、辅助线策略、记忆策略等，如果学习者没有掌握这样的策略，学习将事倍功半，难以产生成功体验，也就难以坚持自主学习。元认知策略属于一般学习策略的范畴，而不是任何学习都需要元认知的参与，需要对学习进行调节和监督，需要对认知活动的进程进行监控，表现为学习者在一定目的指引下的计划、检查、反思等，它最能体现自主学习的特色。资源管理策略是辅助性质的学习策略，它主要是对时间资源、外界智力资源、信息资源等的利用和掌握。在学习活动中，学生必须"能学"，才可能主动自觉地学，产生自主学习，这是显而易见的。因此，教师应引导学生学会自主学习的学习策略，逐步提高学生的学习能力，为学生的自主学习奠定坚实的基础。

2. 适当的自主学习的时间和空间

培养学生自主学习能力，首先应保证学生自主学习的时间。让学生自主学习，要给予学生自主思维的空间。语文教师要摆正自己的位置，把自身角色定位于学生的合作者、鼓励者、引导者。要摒弃将现成知识、结论灌输给学生的做法，充分考虑到学生主动发展的需要，设计弹性化的、有一定空间和思维度的课堂问题，让学生去自主感悟、比较、体验；同时，教师要注意运用延迟评价，启发学生做充分的、广泛的思考，为学生个性的发展及进行创造性学习提供条件。有些学校在语文教学课堂教学全过程都是开放的。课堂上，学生自己去学、去积极思考，教师只为学生在自学、讨论、答疑中当"顾问"，学生的思维空间得到了最大的拓展。

学生自主学习，表达与交流的时间比以往多了许多，时间的冲突越来越突出。学生与教师的世界是不一样的，他们有着孩子的视角，与教师有着不一样的知识背景与思考角度。教学时要尊重学生独特的感受，不能以教师的感受来代替学生的想法，宁可在时间和空间上放手，多创造自主学习的机会。

3. 诱导并启发学生

在自主学习过程中，教师应善于诱导，但不要让学生盲目地听从。这一策略，是实施自主学习的最重要、最根本的教学取向。它是指语文教师要善于诱导和启发，培养学生的自学能力。当然，自主学习不是立马就让学生自己学，自主学习能力也不是生而有之的，要有个由教到学的过程。所以，自主学习不是否定教师的作用，而是对语文教师的"教"提出了更高的要求。为此，教师要更新教学观念，尊重学生的主体地位，要教给学生自己学习的本领，随时减轻学生的依赖性。

在自主学习过程中，教师应把握好扶与放的度。明确扶是为了放，是为了教学生学会学习，培养自学能力，明确这点至关重要。教师要给学生以信心，鼓励学生继续自己"走"，减少对教师或他人的依赖，坚持自己独立地进行学习。再者，学生自主学习能力的发展过程，具有明显的学段特点，教师应根据不同学段学生的特点，确定扶与放的度。学生开展"自主学习"活动，离不开教师的诱导和启发，这种诱导和启发在以下方面有所体现：

（1）起始阶段，应以明确的学习任务作为启动和组织学生"自主学习"活动的操作把手，使学生明确学习的目的。所谓明确的学习任务，必须是具体的、可操作的，并且是可把握、可评价的学习行为，而不能是笼统的、模糊的、不可操作更无法评价的术语概念。

（2）自学过程中，要努力创设以问题为核心的学习情境，引导学生对学习材料不断进行精加工、深加工。应善于将学习任务转化为一个饶有情趣并具有较大思维负荷的问题情境或活动情境，使学生能在完成认知任务的同时发展自己的自学能力并得到情感上的满足。

（3）组织有效评价，使学生知道自己的学习结果并及时反思在"自主学习"中，学生在教师指导下，仅知道了学习的办法还不够，还必须知道自己学得怎样，学到了哪些水平，这就有赖于语文教师组织学生展开充分的有效的评价活动。在评价中，应尽量组织全体学生积极参与，避免只与少数尖子学生对话；应以学生的自评互评为主；应充分展开学习的过程，避免简单的肯定和否定；要注意适度的激励，既不能挫伤学生也不要廉价表扬。需要强调的是，语文教师要注意评价的全面性，即不仅要重视学业结果的评价，同时必须重视学生学习品质的评价，以充分体现新课程提倡的知识与能力、过程与方法、情感态度与价值观的统一的理念。一般而言，在课堂教学中，对学生"自主学习"品质的评价，可围绕其外显行为特征展开，在评价的同时，还要善于引导学生进行及时的反思，强化正确的思考过程，纠正错误的思维习惯，以逐渐改善自己的学习策略。

第三节 高中语文教学——合作学习

一、合作学习的意义

在课堂教学中，小组合作学习的重要特征就是对生生互动，即学生与学生之间交流、合作和相互作用的高度重视。在小组合作学习看来，学生与学生之间的合作关系比其他任何因素对学生的学习成绩、社会化和身心发展的影响都更有力。北京师范大学教授裴娣娜认为：在课堂教学中，生生互动对于学生健康成长和发展的积极影响主要表现在以下方面：

第一，生生互动影响着学生价值观、态度、能力和认识世界方法的社会化。与学生和教师的相互作用相比，生生互动往往更经常、更亲切、更丰富多变。在生生互动中，学生通过实验和练习，逐渐熟悉各种社会角色，逐渐培养他们的沟通、理解和合作的技巧以及价值观、态度、能力和观点，促进了他们社会适应性的发展。

第二，生生互动有利于学生人格和心理的健康成长。建立和保持与他人相互依赖和相互合作的关系，是一个人心理健康、人格健全的基本表现形式之一。人的心理和人格是在人的活动中，尤其是在人和人之间的相互交往过程中发展起来的。心理学的研究表明，生生互动的频度和强度与学生未来的心理和人格的健康发展有着密切的关系，阶段的不良同伴关系将预示着成年时的心理和人格变态。

第三，生生互动有利于学生学会用他人的眼光来看待问题和社交能力的获得。作为未来的社会成员，学生必须学会用他人的眼光来看待问题，学会与同伴密切交往，热心互助，真诚相待。生生互动可以使学生达到与他人沟通的目的，消除畏惧与他人交往的心理，从而得到语言、思维以及社交意识和社交能力的培养，促进其社会性的发展。

第四，生生互动提供了更多的主动参与的机会，有利于学生主动性和创造性的发展。小组合作学习中的生生互动，把学生由传统课堂教学中知识的接受者转变为课堂教学的积极参与者，每个学生都有平等的机会在各自的小组中讨论并解答问题。同时，由于学生之间原有的认识特点、经验水平的不同，对事物的理解存在着差异，通过合作学习，可以使学生个体的认识和理解更加丰富、全面，使学生从那些与自己不同的观点和方法中得到启迪，有利于学习的广泛迁移。

二、合作学习的特性

小组合作学习中，在学习小组内部，学生个体与学生个体之间主要是一种合作关系，学习小组与学习小组之间主要是一种竞争关系。在课堂教学中，小组合作学习的主要特性如下：

（一）组内异质，组间同质

合作学习小组是一种新型的结构—功能联合体，通常由 4~5 名在性别、学业成绩、个性特点等方面具有异质性的学生组成，尽可能地使小组的组成体现一个班级的缩影。由于在每个小组组内体现了合理差异，从而在全班各个小组之间组成了一个大体均衡、可资比较的小组联合体。组内异质保证了组内各个成员之间在各方面的差异和互补，为学生与学生之间的互助合作、取长补短和优势互补奠定了基础，有利于大家从不同的角度看问题；而组间同质又为全班各个学习小组之间在同一起点和同一水平上展开公平、合理的竞争创造了条件。

（二）任务分割，结果整合

在小组合作学习中，一方面，每一个人都必须为自己的学习负责，小组学习成绩的优劣与个人是否尽责密切相关，小组合作学习将小组的学习任务分解到个人，或者全班任务先分解到小组、小组再分解到个人的方法，使每个小组成员都承担了小组任务中的特定部分，一个人完不成自己承担的任务，不仅会影响自己的成功，而且会给整个小组或全班的任务完成带来不利影响；另一方面，在小组的学习目标结构中，小组成员之间在学习内容和学习结果上有很强的相互依赖性，全体小组成员会形成一个"利益共同体"，在这个共同体中，一个人的成功并非真正的成功，只有在小组的其他成员也达到学习目标的情况下，自己才能达标。这样，小组合作学习改变了传统的课堂教学中单一的"输—赢"关系，在小组成员之间产生了"大家为一人，一人为大家"的"荣辱与共"的积极互赖关系。因此，在小组合作学习中，学习成绩好、能力强的学生在自己掌握了学习内容之后，就会积极地去帮助其他学生；而学习成绩较差的成员，由于集体荣誉感和自尊心的作用，也会尽自己最大的努力去学习，以保证自己所在的小组不因个人的成绩不理想而失败，从而有效地调动了全体学生的积极性和主动性，实现了资源的共享。

（三）个人计算成绩，小组合计总分

在小组合作学习的单元检查、测验和竞赛中，不再允许学生依靠组内其他成员的帮助，而是必须依靠自己的力量来独立完成测验，在统计小组总体成绩之前，先要计算个人成绩。这就要求每个人都必须依靠自己的努力去独立完成学习任务，为小组做出应有的贡献。那些学业较差的学生将在其他同学的帮助和个人努力下，争取好的学习结果，以保证

不再拉后腿。

（四）公平竞赛，合理比较

小组合作学习的主要目的是使每一个人都有平等的机会取得成功，认为只要自己努力，有同伴之间的相互帮助，每个学生都可以做得很好。为了达到这一目的，一方面，小组合作学习采用的"个体提高分"的计分方式保证了小组内的所有成员无论成绩优劣与否，都能得到均等的成功机会。"个体提高分"是学生个体在本次测验中的分数比上次测验高出来的分数，它只在自己过去的基础上进行比较，而不是与别人比较，从而给每个学生设立了一个能够达到的目标，只要自己比以前努力，就能获得成功；另一方面，在小组合作学习中，取消了传统的常模参照评价，根据学生的学业成绩，优等生与优等生一起分组测验，差生与差生一起分组测验。各测验组每个成员的表现与原属合作小组的团体总分挂钩，优生组第一名与差生组第一名均为各自原来的学习小组赢得相同的积分。这种各人在原来起点上进行合理竞争、公平评价其贡献的做法，最终使得每个学生无一例外地得到了激励和肯定。

（五）分配角色，分享领导

在合作学习小组中，每一个学生往往都具有不同的个性品质：有的善于倾听，有的善于捕捉信息，有的善于澄清事实，有的善于分析问题，有的善于组织活动，有的善于缓解冲突，有的善于组织外交。在小组合作学习中，应根据学生不同的个性特点，安排他们扮演适当的角色，承担不同的任务；同时，在不同的学习任务和课题研究之中，学生的角色可以轮流互换。这样，既保证了学习小组成员之间分工明确，秩序井然，又能使个人的优势和特长得以充分利用和彼此协调。

小组合作学习的这些特征，有效地克服了传统课堂教学中只有竞争、没有合作的弊端，通过学生之间的积极的人际交往，加强了学生与学生之间的合作、交流和沟通，并以集体促进个体进步，有助于课堂教学效果和质量的整体提高。

三、合作学习的要素

为了更好地在语文教学实践中有效地组织合作学习，就有必要分清什么是合作学习的基本要素。合作学习的基本要素就是指任何一个合作学习都必须具备的因素，不管合作学习的具体方式、方法如何，离开了这些基本因素，就不是真正的合作学习。这些基本要素是合作学习区别于其他教学活动的特定品质。合作学习的基本要素包括以下方面：

（一）相互依存

要顺利地开展合作学习，学生必须清晰认识到他与组员之间密不可分的关系：第一，组员成功，自己才能成功；第二，自己的努力是小组成功必不可少的条件，小组的成功离不开每一个人的积极贡献。在合作学习中，小组成员之间有着"我为人人，人人为我""同舟共济"的依存关系，这是合作学习必备的一个基本要素。合作学习中学生的相互依存性具体体现在：共同的小组目标、组员角色互补、资料共享以及共同的奖励。

（二）合作意愿

在合作学习中，需要学生们相互鼓励、支持和帮助，有着为了达成共同的目标、取得良好成绩、完成任务等而努力的意愿，以及组内合作，组间良性竞争的态度。具体表现为：①相互之间能提供足够和有效的帮助；②能诚恳交流所需的信息和材料；③相互信任；④对彼此观点进行质疑，群策群力。

（三）个体责任

个体责任是指每个学生都必须承担一定的学习任务，并对自己和小组工作的最终结果负责。个体责任通常是通过对每个学生表现的评估来体现的，通过反馈评估情况，增强每个学生的责任心。在合作学习中，当每个小组成员明确认识到个人的存在对小组的意义，认识到个人与集体的关系时，才能真正主动参与讨论，克服消极等待或依赖别人的心理。个体责任是合作学习的另一个实质性的要件。

（四）合作技能

合作学习与竞争性学习以及个体化学习不同，在合作学习中，学生们必须同时进行两种活动：一种是作业活动（学习学科知识）；另一种是小组活动（在合作的学习形式下学习）。所以这需要学生掌握一定的社交技能，才能进行高质量的合作，以更好地促进学习。为了协同各种努力以达成共同的目标，学生必须学会：彼此的认可和相互信任，进行准确的交流，彼此接纳和支持，有效地解决组内的冲突，建设性地解决问题。

（五）积极自评

合作学习小组必须定期地评价共同活动的情况，保持小组活动的有效性。它的目的在于，帮助小组学会怎样更好地合作，从而提高小组成员的合作学习水平。小组自评主要涉及三个方面的内容：一是总结小组成功的经验，对小组活动中表现出来好的方面和经验进行总结和归纳；二是对小组活动中存在的问题和原因进行分析；三是对以后小组的发展方向和目标提出明确的要求。当然，在自评中，值得讨论的问题远远不止这些，任何跟合作学习有关的问题都可以也应该在小组自评中进行讨论与交流。通过自评为每个组员提供一个开诚布公地探讨组员之间关系的机会，这有助于小组成员维持彼此良好人际关系和工作氛围，增强小组成员的积极正向行为和小组凝聚力。在小组自评中，每个组员都可以得到同伴对自己行为的评价和感想，使每一组员对自己的参与情况有一个明确的了解。这种积极反馈对自我意识的增强以及合作技能的成熟都很有帮助。

四、合作学习的原则

合作学习的课堂管理应运用恰当的教育教学手段，调动学生的主观能动性，优化课堂教学结构，提高课堂教学效益，全面提高学生的综合素质。具体而言，应遵循如下原则：

（一）成功机会均等

成功机会均等是指学生通过提高自己的成绩来对他们的小组做出贡献。这种学习是标准参照性的，即与自己过去的表现和成绩相比较，而不是常模参照性的，这就保证了学习上优、中、差的学生都能尽其所能，而且所有组员的贡献都会受到重视，从而达到使所有学生共同进步的目的。当代教育的核心理念是关注每一个学生的发展，每个学生在学习中都应该有平等的发展权利。合作学习方法倡导的异质小组，它承认学生之间存在的各种各样的差异，这样就有利于学习困难学生的进步。因而教师一定要在小组组建中将学困生和优秀生进行搭配，在小组活动中利用优秀生带动学习困难生学习，激发他们学习的兴趣，教会学习困难生学习的方法。同时教师要充分利用合作学习中设置的基础分来计算提高分，以提高分作为对学生评价的依据，这样可以激励学习困难的学生获得学习的成就感并提高他们的学习兴趣。

（二）小组激励评价

新的评价理念注重学生在评价中的主体地位，通过评价使学生学会分析自己的成绩与不足，明确努力的方向。还要求注重形成性评价，使学生获得成就感，增强自信心，培养合作精神。而合作学习作为一种以团体成绩为奖励依据的教学活动适应了新课程标准的要求。合作学习通常不以个人的成绩作为评价的依据，而是以各个小组在达到目标过程中的总体成绩作为评价与奖励的标准。这种机制可以把个人之间的竞争转化为小组之间的竞争，从而促使小组内部的合作，使学生在自己的小组中各尽所能，得到最大限度的发展。以小组总体成绩为评价依据来决定奖励，由对学生个人的奖励改为面向小组的合作性奖励，这就使更多的学生获得成功的乐趣，提高了合作学习的积极性。

（三）相互依赖

相互依赖原则是指教师在合作学习中，要为学生创设一个相互依赖的交往环境，使学生在完成学习任务的过程中，主体性得以充分体现，人格得以完满发展。基本要求如下：

1. 目标相互依赖

教师给每个学习小组提供一个或若干个共同目标，目标的实现依赖于每一个小组成员的齐心协力。这样做，就会使学生希望成功的动机增强，因为每一个人不仅仅是为了自己要取得成功，而且也为了整个小组成员都能成功。这种强烈的动机将会使学生更为长久地参与到教学任务中去，并且尽可能地把每项任务完成得更好。

2. 资料相互依赖

语文教师让小组成员拥有不同的资料，这些资料可以是两种：信息和设备。每一组中没有谁占有全部资料，学生必须分享各自的资料才能成功地完成某项任务。例如，分组阅读中，每个组员分到同一篇阅读材料的不同部分，随后，他们离开自己的本组与其他组有相同部分材料的同学组成专家组，这个专家组的目标是把这段材料学好，并准备把其内容教给本组同伴。接着，学生间到各自的小组轮流讲授各自掌握的这部分材料，共同完成整篇材料的阅读任务。这种做法能增进学生之间的交往和互相帮助。

3. 角色相互依赖

教师分配组员或由小组自行分配，担任不同的角色共同完成某种任务，这些角色是互补的、相连的、可以轮换的，并且每种角色都要为全组承担相应的责任。由于每个人都有自己的角色和任务，因而每个学生都有均等的机会参与交流，有均等的机会表现自己和帮助他人。这种学习，不仅增强了学生的责任感、自尊感和归属感，使每个学生都乐意为小组的成功尽心尽力，而且由于焦虑程度降低，因此，学生敢于发表自己的见解，大胆尝试新方法和发挥创造性。合作学习中的角色主要有：

（1）总结者：向小组解释和呈现主要的结论，看看小组是否同意，并且为小组在全班面前的展现做准备。

（2）检查者：对照课文、练习册或参考书检查有争议的陈述和结论的真实性。确保小组没有使用不充分的事实。或者不会遇到其他组的更为精确的成果展示的挑战。

（3）研究者：当需要更多资料时，阅读参考文献，获得背景信息。研究者不同于检查者之处在于，研究者为小组完成任务提供关键信息，而检查者证实作业进展和作业结果的精确性。

（4）经营者：他获得实现任务所需要的物品、材料、设备、参考作业。他远不是一个附属低级角色，经营者需要具备创造性，精确、甚至有谋略地去找到必需的资源，这些资源也可能正在其他组勤奋地寻找着。

（5）记录员：他承担写出该组主要成果的任务。记录员也许需要各成员写出他们各自的结论，在这种情况下，记录员将记录的工作比较、综合和整理成连贯的形式。

（6）支持者：当任务完成时赞扬小组的成员，当泄气的时候鼓舞他们。通过图表记录小组每一个重要的足迹，并记录取得的成绩以及鼓励各成员所做出的努力，尤其是那些完成任务存在一定困难的成员，从而促使小组前进。

（7）观察者、解决困难的人：记录有关小组进展信息，这将在全班讨论或教师询问时有所助益。当遇到一个对小组或个别成员而言无法克服的困难时，由班长向教师报告。

4. 奖励相互依赖

这主要是指在学习小组中，一个或者更多的小组成员的优异表现为整个小组赢得奖励，也就是小组成绩共享。例如，教师为小组提供材料并准备小测验，每个学生的小测验成绩关系到小组的整体成绩，因此，每个学生务必为小组的整体成绩做贡献，学生对小组的贡献，是看他们在小测验中的成绩是否比他们自己过去小测验的平均成绩有所提高。这样，当小组中能力较弱的同学对小组的贡献也可能和能力强的同学一样多，他们有相同的机会为本组取得分数。当每个学生分享给予小组的奖励时，这种奖励是建设性的。它能使学生享受到更多的成功的快乐，并激励他们为继续取得成功而努力施展自己的才能，努力帮助他人也获得成功。

（四）最小干预

最小干预原则是当正常课堂行为受到干预时，应该采用最简单的最小值的干预纠正违规行为。如果最小值的干预没有发生作用，可逐步增加干预值，主要目的是既要有效地处理违规行为，又要避免对教学产生不必要的干扰。干预的结果，应该是尽可能使教与学的活动继续进行，使违规行为得到较好的控制。

如果让出现了行为问题的学生成为教室里的注意力焦点，他们反而会获得成就感，进而得寸进尺。有经验的教师都会以不太引人注意的方式来处理学生的行为问题。他们会在自己的讲课中把学生的名字带进去，被叫到名字的学生自然会得到提醒，而其他学生则可能不会觉察出什么问题来。

（五）主体性

主体性原则是指在合作学习中充分调动学生的主体性、自主性、能动性和创造性，使他们积极主动地参与小组讨论和学习，获得全方位的发展。在合作学习的课堂教学管理活动中，学生不仅仅是管理的对象，也是管理的主体。学生通过能动地参与语文教学管理，自主地组织教学活动，创造性地解决教学问题，负责任地选择课堂行为来体现管理中的主体性。主体性原则包括两方面的内容：一方面，课堂管理者需要充分尊重学生的主体性，充分尊重学生在课堂中的地位，把学生看作课堂活动的主体，当作具有独立个性的人来看待，树立正确的学生观；另一方面，教师在管理过程中要创造一些有利的条件，帮助并引导学生形成主体性人格，即学生愿意自主地选择正当行为，而非某种外在权威和传统风俗的强制。也就是从"自发"到"自觉"地建立和维护课堂秩序，主动地参与课堂教学管理。由于学生主体性得到了体现，自然会产生求知欲望，会把学习科学文化知识当作乐趣，最终进入学会、会学的境界，在掌握科学文化知识的同时，提高合作意识与合作技能，使小组合作学习进入良性循环阶段。

（六）有效指导

在合作学习中，把学习的主动权交给学生，提供给学生更多地建构属于他们自己意义的时间和空间，更多地展示自己思维的机会，以及更多地解释和评价自己思维结果的权利，这并不意味着教师指导作用的削弱。相反，教师应根据教学环节的变化而变化，充当有效的组织者、引导者甚至合作者。在整个过程中，教师应是以一种友好的、建设性的态度和行为，既不能过多地干预学生思考的过程和结果，又不能对学生的困难和疑问袖手旁观。

在合作学习中，不能只注重生生互动而忽视了师生互动。没有教师的正确指导，学生自身又缺乏相应的认识和方法，就达不到合作学习的目的。在教学中，教师应有意识地给予学生必要的引导，注意培养学生良好的合作能力。具体而言，合作前，教师应指导学生开展合作学习前的独立思考；合作时，教师应让学生明确合作学习的任务和目标；合作中，教师应积极推动学生合作学习行为的深入。可见，合作学习的成功与否，同教师是否积极引导与参与是分不开的，在合作学习中，教师不是退居二线，而是担负起更大的管理和调控主要职责。要使合作学习顺利开展，仅仅依靠教师事先的设计是远远不够的。在开展合作学习过程中，除了事先宣布合作规则外，在很多情况下，教师必须对各个小组的合作学习进行现场的观察和介入，为他们提供及时有效的指导。

（七）师生合作

师生合作是指课堂主体在交往过程中所表现出来的相互依赖、相互促进、和谐一致的关系，它以主体间交互作用为中心，以合作共生为特征。通过师生共同参与到课堂教学管理之中，各司其职，相互促进，以形成最大合力。课堂作为一个活跃的功能体，置身其中的每一个人都不能以旁观者的身份游离于管理活动之外。教师作为制度化的管理者，对整个课堂教学的推进、常规事务的安排、课堂秩序的维持，做出统一的计划与决策。而学生作为课堂的主人，对自己、对课堂也有着义不容辞的管理责任。这两种主体的管理活动并非简单独立，互不相关。他们是一种合作关系，能够相互补充和完善。例如，学生参与管理既有利于学生的自我管理、自我促进，也有利于教师管理水平、管理能力的提高和反馈，增强双方的责任意识。教师通过指导学生自我管理，同时，传递一些管理的方法，也能加强学生管理的积极性与有效性。合作性原则意味着师生间彼此承认对方在课堂中的平等地位和权力，主动承担自己在课堂中的责任，遵守共同认可的规范，并通过平等的对话与交往，来促进师生的合作。

五、合作学习的管理与实施

合作学习在语文教学实施过程中产生了一些问题，其中有些与课堂组织管理不当有关。如果能针对问题采取行之有效的课堂管理策略，必将有助于合作学习达到预期效果。

（一）合作学习常见问题

1. 形式化

由于许多语文教师不理解合作学习的实质，只注重表面形式，对合作学习的目的、时机、运用范围和过程没有进行认真的设计。小组成员之间的讨论不能围绕中心问题而卓有成效地进行：当问题出现时，学生之间很难做到相互沟通与协作，不能建设性地解决问题。一堂课下来虽然课堂气氛热烈，学生并没有真正学到有用的知识。这种由教师随意安排的小组活动，虽冠以合作学习之名，却无合作学习之实，不能视为有效的合作学习。

2. 放任自流

在实际的课堂教学中，经常会出现教师提出的合作学习的任务要么很容易，要么很难。过于简单容易的学习任务，学生不需要与他人合作就能独立完成，或是用极少的时间就能够轻易地完成；过于繁杂困难的学习任务，超出了学生的能力范围，学生不容易理解或是无力完成。无论是过易或是过难，这样的合作学习任务都是没有价值的，都对促进学生的发展与进步无益。这样的小组合作也毫无价值可言，学生毫无兴趣，甚至会趁机聊天，不仅浪费了宝贵的课堂教学时间，而且使课堂教学的质量很难得到保证。合作学习本应是在教师精心组织下，学生间有序进行的一种学习形式，合作学习把学生视为学习的主人，让学生在整个学习过程中充满生命的活力，但绝不是放任自流。在实践中，有些教师一味突出学生"自主"，放手让学生去做，缺乏必要的组织和引导，在学生进行合作学习时，教师只做一个旁观者，当学生和小组面临问题时，教师无法对一些问题进行辨别分析，并对他们进行指导和帮助。

3. 方式单一

合作学习作为一种学习方式，从形式上来看应该是多种多样的，而有些教师却错误地把小组合作理解为小组讨论。我们经常可以看到这样的场景，当教学进行到某一环节时，教师提问无人应答、教师启发无人觉悟，这时有的学生按照老师的要求发表自己的看法，这种小组讨论不是有明确团体目标指引下的合作学习行为，学生之间没有实质性的分工与协作，不是真正的合作学习。

4. 盲目采用

合作学习是一种新的学习方式，却不是一种万能的学习方式，它受教学目标、教学内容、学生素质、问题的难度等多种因素的制约，不能简单随意滥用，将它的功能扩大化。常见到有的教师没有根据不同的教学目标采用合适的学习方式，生搬硬套，学生逐渐感到厌倦，有的教师问题设计不到位，不具启发性，经常提出一些学生无须讨论就可以解决的问题，没有取得合作学习的效果；有的学生不具有合作精神，只顾表达自己的意见，对组内他人的意见不置可否，合作学习无法深入。

5. 参与程度不均衡

合作学习的确为学生平等参与学习创造了机会，但在学习过程中，学优生往往在小组活动中处于"领袖"位置，占据了小组活动的主动权，承担了主要的责任。相比而言，学习后进生或性格内向的学生则处于从属或被忽略的地位。这种不公正的合作学习违背了合作学习的初衷。

6. 教师缺乏指导技巧

由于在学生合作学习中指导技巧的缺乏，教师无法依据学生的特点和学习内容的性质，灵活组织学生的合作学习活动，无法恰当把握合作时机，导致合作学习难以有效进行；出现问题时，教师无法帮助学生迅速、准确地把未知信息和已有经验联系起来，选择最佳的学习起点，找到解决问题的策略。教师是合作学习的组织者和决策人，教师合作教学技能的缺失和偏差已经成为制约合作学习效果的瓶颈因素。

（二）课堂管理策略

在班级人数较多的情况下，合作学习能否成功在很大程度上取决于教师对合作学习的课堂管理是否有效。

1. 对期望的行为重点关注

在课堂上教师要做到对他所期望的行为给予关注，这样其他小组很快就会模仿受到教师积极关注的小组。有些教师在上课时为了提醒不注意听课的同学认真听课，往往要点这些同学的名，即使是教师严厉地批评了上课说话的学生，其他学生也会模仿这位受到关注的学生的行为，以引起教师注意，这样反而达不到预期的目的。在大班额的合作学习的课堂上，教师首先要让学生明确教师的期望，向学生清楚地说明成功的课堂活动必需的行为以及哪些行为是有价值的，如认真倾听、不打断别人的说话、按顺序发言等；其次对达到教师期望行为的小组给予关注，如教师希望小组不要太吵，就对那些太吵的小组不予理睬，而对那些在小组中小声讨论的小组给予特殊的认可，并向全班说明模范小组之所以受到认可的原因，很快大多数小组都会小声讨论了。

2. 对优秀小组进行表扬

对于表扬作用的强调再多也不过分。例如，在运用"零噪音信号"的时候，教师可走到班级表现最好的小组边，对他们发出零噪音信号，把每个人的注意力都吸引到这个组来，对他们的良好表现进行表扬，并清楚地说明你喜欢他们的哪些行为。小组表扬建立了课堂的行为规范，学生知道了什么行为是有价值的。对优秀小组的表扬可以是多种形式的，可以给小组加分，每周评出优秀小组进行表彰，或把优秀小组的学生名单登在班级板报上。

3. 适当分组

在合作小组中，决定小组创造力的并不是小组成员的构成，而是小组成员的互动方式。在合作初期小组成员可能会出现不友好、不合作的现象，或有些成员要求调换小组，教师要慎重考虑，轻易不要调换组员。把在合作学习的有效运作上出现问题的小组拆散，是没有任何建设性的，学生没有机会来学习如何解决与他人合作中遇到问题所需的技巧。作为教师，可以决定谁跟谁一起学。对于班上受孤立的学生，应选择班上最受欢迎、最愿意帮助他人且最细心的学生，与他一起学习，保证班上没有一个学生被遗忘、被拒绝或自认为不属于任何小组。

4. 确定目标和任务

合作学习是一种目标导向活动，在目标上，注重突出教学的情感功能，追求教学在认识、情感和技能上的均衡达成。在合作学习过程中，教师要以学习小组为单位制定学习目标，小组学习目标一经确定，每个成员必须遵从。在合作学习过程中，小组成员不仅要努力达成个人目标，而且要帮助同伴实现目标，通过相互协作，共同完成学习任务。

5．明确个人责任

为了鼓励每个成员都积极参与小组活动，避免能力强的学生代替其他学生完成学习任务，教师可以利用以下方法来确定个人责任：

（1）责任承担。即小组的总课题被分解为若干子课题，每人承担其中的一个，小组完成总课题的质量取决于每一个子课题的完成质量。

（2）随机提问。即随机提问小组中的某个成员，根据他的表现评价小组活动的质量。由于是随机提问，每个组员都可能代表小组来展示活动成果，如果不积极参与每一个组员都会因为不好好表现而直接影响到全组。这种由集体荣誉而产生的群体压力可以促使每个组员认真地参与小组活动。

（3）个别测试。即在学习时小组成员之间可以进行交流、相互帮助，但是教师在检查小组的学习质量时，是让每个学生独立完成测验，并且要综合每个组员的测试成绩来评价小组的活动。在这种评价体系下，一方面，学生再也不能以小组的掩护来逃避学习责任，因为在测试中会暴露出他们在小组活动时的情况；另一方面，学生积极参与小组活动，在测试中的良好表现能够对小组的总成绩有直接贡献。

6．制定规则

合作学习规则能规范小组学习，增进课堂教学管理，提高合作学习效率。我们认为，合作学习规则主要包括五个方面：①自我管理，包括不离座位、不讲废话、控制音量、不扰他人；②听人发言，包括不随意插话、听完再议、记住要点、恰当评价；③自己发言，包括独立思考、先想后说、围绕中心、口齿清楚；④互帮互助，包括虚心请教、关心同学、主动热情、耐心细致；⑤说服别人，包括学会质疑、先同后异、尊重诚恳、以理服人。

7．小组长职责的发挥

小组划分后，教师要为各组指定一个比较有领导才能的小组长。小组长主要负责召集并主持小组学习、分配学习任务、组织讨论、做好总结等。在合作学习的开始阶段，小组长应该由能力强、威信高、人缘好的学生担当。教师要对小组长进行相应的角色和技能培训，既要给他们一定的权力，又要预防他们垄断、包办小组学习任务。

8．选择最佳合作时机和合作内容

（1）最佳合作时机。要根据教学实际需要，把握合作学习的时机，尤其是在教学任务较多或需要突破重点难点的时候，在学生意见产生较大分歧或思维受阻时，都可以组织合作学习。这不仅调动了集体的智慧，每个同学都能参与，掌握了相关知识和技能，同时还让每个学生感受到个人和集体的力量，认识到合作是必需的，充分体会到合作的优势，感受到合作的意义，享受到合作成功的愉悦。

（2）最佳合作内容。学习的内容要适合学生交流思想，任务应当具有一定的难度，具有合作学习的价值。学生通过自主学习无法完成或无法较好地完成的内容，可通过合作学习让学生相互帮助、相互讨论、相互交流，能够完成或更好地完成。

9. 强化自我管理

实际上，真正有效的管理是学生自我的内在管理。课堂既然是教师与学生的共创，那么，学生同教师一样，也是课堂中具有独立精神意志的主人。而且，课堂活动的最终目的是促进学生的健康发展，离开了学生的参与、支持与合作，课堂管理便失去了意义。内在管理强调学生积极主动地参与，在参与过程中形成自主意识和责任感，从而激发其主动和创造精神。内在管理不仅能提高课堂管理的效益，而且能发挥学生的聪明才智，有利于他们的成长和发展。

10. 教授合作技能

学生拥有良好的合作技能是合作学习成功的重要保证，但学生合作技能的形成和发展却不是一个自然的过程，需要教师进行有意识地培养与训练。教师在教学过程中指导学生学习合作技能，一方面可以正面传授，在小组合作学习前提出明确的教学要求，或在小组学习中提供适当的指导；另一方面可创设情境，促使学生在实际锻炼中学会如何与他人共同完成学习任务。在教授合作技能时，教师需要做到：

（1）使学生认识到这些技能的价值。教师必须结合生活中的事例或学生在小组活动中出现的社交问题，使学生亲身体验到特定社交技能的必要性。

（2）使学生必须清楚这些技能的具体表现。在学生认同了某种社交技能的价值后，教师要与全班同学一起讨论该技能的具体表现。有了具体的行为指标，学生就能够清楚地知道自己应该怎样去听别人讲话，怎样判断别人是否在听自己讲话。

（3）鼓励学生在生活中练习使用这些技能。教师应当通过演示活动、角色扮演、游戏等多种形式，帮助学生树立把社交技能用于生活的意识，并用正反两方面的例子来指导学生在生活中如何使用特定的社交技能。

（4）保障学生有机会在课堂内练习使用这些技能。与学生在生活中使用这些技能相比，教师更容易了解学生在课堂上使用社交技能的表现，也更容易提供及时的反馈，所以教师要充分利用课堂，结合教学内容设计小组合作学习，使学生在小组活动中学习学科知识的同时也能够练习使用这些社交技能。

（5）检查学生在小组活动中使用这些技能的情况。教师要了解学生在小组活动中使用社交技能的情况，并及时做出适当的反馈。

（6）鼓励学生坚持使用这些技能。教师必须持续不断地鼓励学生练习使用这些技能，教师可以在一周甚至一学期的教学中，围绕这些技能设计一系列的活动为学生提供练习的机会；还可以将学生正在练习的社交技能通报家长，请家长在生活中为学生练习使用这些技能创造机会，并且在全校张贴海报，倡导全校师生共同关注使用这些社交技能。

11. 注意督促和介入

在合作学习中，教师的督促和介入要贯穿于整个合作学习过程，其内容是多方面的，如默观学生是如何解决问题的；暂停学生的活动给予示范；表扬善于运用某些行为方式的小组，从而强化他们的良好行为。其目的是为了弄清学生是否掌握了进行合作学习的技巧，找出学生在合作过程中出现的问题，并提供必要的帮助。一般而言，出现以下情况时，教师就需要对合作学习进行适当的督促和介入，当小组对任务还不清楚时，教师需要重新解释，向学生反复说明任务的内容及操作程序。

在小组讨论的过程中，教师可以观察学生是否很轻易地就解决了难题，完成了合作任务。当某一小组的活动能够顺利进行时，教师需要给予适当的表扬，当然，教师也可以介入，让其中一个学生解释一下大家形成的某些结论，从而保证每一个成员都能够理解这些结论。当某一小组一时无法完成合作任务时，教师可先进行观察，不要急于介入；当小组实在无法解决时，教师要向学生指出问题所在，并启发学生如何完成，在这一过程中，教师不是答案的给出者，而是顾问、引导者；当小组讨论的声音过大，教师需要给予制止，并调动小组中噪音监督员的积极性，或让这组学生的位置互相移近一点。尽管在合作学习开展前，教师已经对学生进行了合作技能的训练，但是学生还是有可能没有真正掌握这些技能，或者在合作学习中，学生无法有效地运用这些技能，此时教师要介入，建议学生运用一些更加有效的方法。小组讨论偏离主题或讨论一时受阻时，教师应及时发现，及时制止，或为小组讨论提供及时的点拨，使小组讨论顺利开展。当合作学习进行了一段时间后，教师可以介入任意一小组，询问合作学习的进展情况，以便确定学习任务是否完成。当某一小组提前完成任务时，教师应检查他们是否正确完成了任务，如果是真正完成了任务，教师可以在不影响其他小组学习的前提下，让其帮助其他组完成任务或可以自由活动。

12. 正确处理关系

（1）个人学习和合作学习的关系。小组合作学习的目的是把小组中的不同思想进行优化整合，把个人独立思考的成果转化为全组共有的成果，以群体智慧来探究问题、解决问题。因此，有效合作学习的前提就是个人学习，合作学习应该建立在个人学习的基础上。学生对学习内容获得较为全面的把握后，上课时有备而来，带着问题、带着思考、带着求知的兴趣进入课堂，也才有可能在与他人合作时有感而发，才能避免以个别学生的思维代替其他学生的思维。而且每一个学生领悟和探究的视角又各不相同，更易于激发在相互交流时思想的碰撞和思路的拓宽，提升合作学习的效果。当然，也便于教师及时了解学生的疑点、难点，更有针对性地组织教学，促进学生更高层次思维的发展。

（2）竞争与合作的关系。竞争与合作是对立统一的关系。两者既相互区别，又紧密联系，都是最基本的社会互动形式，永远不能孤立地存在。因此，在小组内部提倡竞争，可以充分激发学生的潜力，使学生能够积极参与小组合作学习。值得一提的是，小组内部的良性竞争，并不会影响到小组成员之间的合作，它们都是基于小组合作学习共同目标的实现，竞争只是在小组内部形成一种比赛的氛围，目的是为了实现小组合作效率的提高。而在小组之间引入竞争机制，则有利于促进学生的小组意识，形成集体荣誉感，小组成员彼此之间相互帮助、共同抵抗外界的压力。

（3）教师和学生的关系。在合作学习过程中，始终坚持一个原则——学生是合作学习的主体。因此，合作学习更加注意学生的心理需要，把教学的重点放在学生的"学"上。从表面上看，教师失去了传统教学中所拥有的"权力"或"权威"，但事实并非如此。教师的作用更加重要，责任更加重大。教师要进行讲授，要引起学生学习的兴趣和动机，要促使每一个学生获得最大限度的发展，还要善于协调各小组的活动，对学生和小组进行认可或奖励，促使学生主动掌握知识、发展能力。

（三）合作学习的具体方式

1. 学生小组学习

对学生小组而言有三个学习法较为重要：小组奖励、个体责任、成功的均等机会。小组奖励指如果小组达到了预定的标准，那么小组就可以得到认可或得到其他形式的小组奖励。个体责任是指小组的成功取决于所有组员个人的学习。成功的均等机会是指学生通过提高自己以往的成绩水平来对小组做出贡献。有两种是适合于大多数学科和年龄水平的普通合作学习法：学生小组成绩分工和小组游戏竞赛。

（1）学生小组成绩分工。学生被分成4人小组，要求组员在成绩水平、性别和种族方面具有混合性。先由教师授课，然后学生们在他们各自的小组中进行学习，使所有的学生都掌握教师教授的内容。最后，所有学生就学习的内容参加个人测验，此时不再允许他们互相帮助。学生的测验得分用来与他们自己过去取得的平均分相比，根据他们达到或超过先前成绩的程度来记分。然后将这些分数相加得到小组分数，达到一定标准的小组可以得到认可或得到其他形式的奖励。

学生小组成绩分工已在相当广泛的学科中得到应用，数学、语言艺术以至社会学科，最适合于有一个正确答案的界定清楚的目标教学。在这一策略中，起作用的是学业的进步而不是学业的成功。这是一种把合作与学习评价联系起来考虑的教学策略。

（2）小组游戏竞赛法。小组游戏竞赛法是合作学习方法中最早的一种，它运用与学生小组成绩分工法相同的教师讲授和小组活动，不同的是它以每周一次的竞赛替代测验。在竞赛中，学生同来自其他小组的成员进行竞争，以便为他们所在的小组获得分数。成绩优秀的小组获得认可或其他形式的奖励。

学生小组学习法主要是通过成绩的评价来鼓励每个学生参与，但由于它比较适合有一个正确答案的界定清楚的目标教学，同时，只采用成绩评价也不太有利于学生的学习。

2. 切块拼接法

切块拼接法最初是由阿伦逊及其同事于 1978 年设计的。在这一方法中，首先，将学生安排到 6 人组成的小组中，将一项学习任务分割成几个部分或片段，每个学生负责掌握其中的一个部分；其次，把分在不同小组而学习任务相同的学生集中起来，共同学习和研究所承担的任务直至掌握；最后，再回到自己的小组中，分别将自己所掌握的部分内容教给其他同学。这是将合作与学习任务挂钩的一种教学策略。

此方法进行了学习任务的分割，但由于学生只学了其中一部分，对所学内容缺乏整体把握，不利于学生全面掌握知识。

3. 共学式

共学式是由学生们在小组中共同学习统一分配的教材，共交一份报告单或答卷。奖励也是以小组为单位进行，根据小组平均分计算个人成绩。此种方法强调学生共同学习前的小组组建活动和对小组内部活动情况的定期检查。

4. 小组调查法

小组调查法是由以色列特拉维夫大学的沙伦夫妇创设的。首先，由教师根据各个小组不同的情况提供有关的学习课题，由小组将课题再分解成子课题落实到每个学生身上；其次，小组通过合作收集资料，共同讨论，协同准备向全班汇报或呈现学习结果；最后，教师或学生自己就各小组对全班的贡献做出评价。这种策略在发挥学生自主性方面尤为突出，任务的关联性也很强。但此方法需延伸到课外，在合作学习实施的初级阶段，运用此方法还有一定的难度。

第四节 高中语文教学——探究性学习

一、探究学习的特性

要正确实施探究学习，必须把握其基本特征。将探究式教学的基本特征概括为五个方面的内容，即学习者围绕科学性问题展开探究活动；学习者获取可以帮助他们解释和评价科学性问题的证据；学习者要根据事实证据形成解释，对科学性问题做出回答；学习者通过比较其他可能的解释，特别是那些体现出科学性理解的解释，来评价他们自己的解释；学习者要交流论证他们所提出的解释。探究学习作为一种新的学习方式和学习活动具有以下特性：

（一）问题性

现代教学论研究指出，产生学习的根本原因是问题而不是感知。问题是思想方法、知识积累和发展的逻辑力量，是萌发新思想、新方法、新知识的种子。没有问题，感觉不到问题的存在，学生就不会去深入思考，那么学习也就只能是表层和形式的。为此探究学习强调通过问题来进行学习，要求学生以问题作为学习的载体，自觉以问题为中心，围绕问题的发现、提出、分析和解决来组织自己的学习活动，从而形成一种强烈又稳定的问题意识，始终保持一种怀疑、困惑、焦虑、探究的心理状态，从而催生出更多的问题。这样学习才有强大的动力，才能真正开启心智的大门，才能真正激发学习的热情，才能真正领略到学习的乐趣和魅力。在这种学习过程中，一方面强调通过问题来进行学习，把问题看作学习的动力、起点和贯穿学习过程中的主线；另一方面通过学习来生成问题，把学习过程看成是发现问题、提出问题、分析问题和解决问题的过程。总之，问题意识是学生进行探究学习的重要心理因素。当然，由于探究学习主要是围绕着问题的提出和解决来展开，问题的品质就成为直接决定探究成效的重要因素之一。问题有真的，也有假的。真问题是反映学生现实生活、发生在学生身边的自然和社会现象中的问题。学生只有在解决真问题的过程中才能养成不迷信权威、敢于批判和质疑的探究精神。否则，其探究学习无疑只是一种枯燥无味的"智力游戏"，令学生望而生畏，丧失探究的兴趣和热情，根本谈不上探究精神的培养。因此，探究学习需要师生根据日常经验观察、发现并提出真问题。

（二）生成性

作为一种以"问题"为导向的学习方式，探究学习具有明显的生成性。探究学习的过程并不是教师把预先设计的属于教师知识范围之中的知识图景如何有效地、按部就班地传输给学生的过程，而是在师生既有知识、经验的相互沟通的基础上寻找、发现问题，借助于一定的新知识传授，师生共同去谋求解决问题的办法。因此，探究学习内容并不限于教学计划中的固定安排，它应根据当时当地的教学情境需要做出必要的调整，这种学习方式充满弹性、富于张力。在探究学习过程中，教师不是作为传声筒，而是作为一个带着理智、情感、智慧的与学生平等的个体，参与到超越简单知识授受的、深层次的、充满问题的教学情境的创造性建构之中。生成性的特点使探究学习对于师生而言永远充满着超乎预设之外的诱惑力（而不是一开始就知道结果如何），一种源自师生思想的诱惑力，它永远对教师和学生的知识和智慧构成挑战，使师生潜能在富于挑战与激励的教学情境中不断释放、展现出来。缺乏生成性的学习，不可能是探究的学习。

（三）开放性

开放性是探究学习最显著的特性。在探究学习中由于要研究的问题（或专题、课题）多来自学生生活着的现实世界，课程的实施大量地依赖于教材、教师和校园以外的资源，学生学习的途径方法不一，最后探究结果的内容和形式也会各不相同。因此，它必然会突破原有学科教学的封闭状态，把学生置于一种动态、开放、生动、多元的学习环境中。这种开放性的学习，改变的不仅是学生学习的地点和内容，更重要的是它提供给学生更多的获取知识的方式和渠道，推动他们去关心现实、了解社会和体验人生。

第一，内容的开放性。探究学习是一种超越了传统的课堂、传统的学科、传统的评价制度，牵涉自然、社会、文化及人类自身的全新的学习方式，它要求消除以往教师分科教学、学生分科学习的弊端，反对把学习内容限制在某些方面的做法，提倡为学生提供综合学习的机会，通过围绕某个问题组织多方面或跨学科的知识内容，让学生对知识融会贯通，多层次、多角度地思考问题。因此，探究学习所涉及的面相当广泛，即使在同一主题下，研究的视角或切入口也有相当大的灵活度，因而教师和学生需要更多地创造性发挥。

第二，学习资源的开放性。探究学习可以为学生开拓丰富的资源，既包括人、财、物，还包括环境、信息、关系、组织、机构等。如图书馆、网络信息、信息媒体、专家咨询、研究机构、大学、研究所、企业、科技馆、电影院、少年宫等探究所需和可利用的所有人员、事物、信息都可以成为探究学习资源。在这种开放性的学习环境下，探究学习的形式就不再只局限于课堂、教材，而是向课外，向更广阔的世界开放、延伸。这不只是简单的学习与社会生活实际相结合，它意指学习活动乃是一种灵活的而非机械呆板的、意义丰富而非枯燥单调的活动，学习活动时刻与外在世界保持生动的联系。

第三，思维的开放性。探究学习从实质上讲就是培养学生发现问题、解决问题的能力，这就和传统的以传授结论为主的教学有着本质的不同。它要求教师不能设计过多的教学事件来干预学生探究的过程，充分发挥学生的主体性，鼓励学生在探究活动中任意想象，自由思索，不受既定思路、现成答案和各种权威的束缚，在重证据、重逻辑的基础上充分发挥自己的创造精神和才能。因此，整个探究活动处于一种开放状态，学生自主安排活动方式和活动内容，有自由创造的空间。

第四，方式的开放性。探究学习应是一个开放的活动系统，需在与其他学习方式的相互作用中得到不断改进。探究学习的这种要求源于探究的本质即反省思维，它要求教师对探究学习本身不断反省，以使更加符合目的性和规律性。如此才会建立与学生不同能力水平、不同学习内容等相适应的探究学习变式，而不至于把探究学习或某一模式教条化、理想化。同时，探究学习的开放性要求我们正确看待探究学习与其他学习方式的关系，诸如自主学习、合作学习等。这些先进的学习方式都有其独特之处，我们不仅不应当加以排斥，反而要善于从中汲取长处，以促进探究学习自身的完善与发展。

（四）自主性

探究学习的典型特征是，教师不直接告诉学生与教学目标有关的知识与认知策略，而是创造一个特定的学习环境，让学生经过探索后去亲自发现和领悟它们。因此，在探究学习过程中，教师要善于激发学生学习的主观能动性，引导学生积极分析和思考，以便他们能够积极主动地从探究的一个阶段过渡到另一个阶段。它要求教师改变传统的作用方式，把重点放在创造条件、引起和激励学生的探究和发现上。但这绝不意味着教师的作用因此而有所降低，甚至无足轻重，而完全任由学生去独自探究。事实也正是如此，任何教育教学活动都离不开学生个体的积极参与和自主活动，同时也离不开教育者的引导。因此，在教育教学过程中，教育者应处理好"放"和"扶"的关系，充分激发和调动学生的能动性、自主性和创造性，培养学生的探究态度和发展学生的探究能力。

二、探究学习的要素

探究学习应是从问题或任务出发，在教师指导下，学生通过自主探究活动，从而获得知识技能、发展能力、培养情感体验为目的的学习方式。这个概念表述说明：

第一，探究学习以问题为导向，主要围绕着问题（或专题、主题）的提出和解决来组织学习活动，因此，"问题"是学生学习的载体。在探究学习中，学校首先要组织学生从学习生活和社会生活中选择和确定专题。这些问题可以是教师提供的，也可以是学生自己选择的；可以是教材内容的拓展和延伸，也可以是对自然界和社会现象的探索；可以是纯思辨性的，也可以是实践操作类的；可以是已经证明的结论，也可以是未知的知识领域。

如果说，在学科教学中，教材是课程实施的基本依据和载体，那么，在探究学习中，问题便是学生学习的重要载体。以问题为导向，意味着探究学习应首先关注"学生的问题"。换言之，一方面，通过了解学生真正关注和感兴趣的问题是什么，允许学生对这些问题先自主进行一些非指导性探究；另一方面，以问题为导向说明探究学生追求的根本目标不是确定不移的知识结论，而是以一定知识为基础。从这个意义上而言，探究学习就是把个体带入他对世界、对社会、对生活的问题（好奇、疑问与探究之心）之中，让学生经由有限但有效的学习活动培育起对世界的问题空间，获得创造性地运用知识、加工知识的能力智慧。

第二，探究学习过程中的师生关系体现着"教师主导、学生主体"这一基本精神。一方面，探究学习向学生赋权增能，使学生真正成为学习的主体。探究学习改变了传统课堂教学中教师讲、学生听的固有模式，让学生积极主动地去探索、去尝试，去谋求学生个体创造潜能的充分挖掘和个性的张扬，让学生接近生活，关注周边的现实世界。学生在实际生活中根据自己的兴趣、爱好特长自主地选择研究课题，从选题、收集资料、提出方案直到最后的成果展示，都是由学生"自作主张"。教师在这个过程中的作用是对学生进行积极有效的引导，发挥协助者的作用，而不是取代学生来进行这些活动。这种自主的学习过程与传统学习中学生被动地接受、隔离现实生活世界的学习过程形成鲜明的对比。另一方面，探究学习仍然强调教师的指导作用。只有这样，它才能有别于学生在好奇心驱使下所从事的那种自发、盲目、低效或无效的探究活动。事实上，学生探究活动过程中所涉及的观察、思考、推理、猜想、实验等活动都是他们不能独自完成的，需要教师在关键时候给予必要的提示。

第三，从学习目的来看，经过探究过程以获得理智情感体验、建构知识、掌握解决问题的方法是探究学习要达到的三个目标。以往的学习，其根本目的在于增加个体的知识储备。在基础教育中，尤其强调对系统学科知识的掌握，学生在现实生活中的解决实际问题的能力并不高，学生的实际能力与知识量不成正比。所以，探究学习力图从根本上超越学科的界限，成为一种综合性的以问题为核心的、不断迈向未知领域的学习活动。它的目的不仅仅是使学生掌握系统的学科知识，还要使学生在真实的或者特定设置的情境之下能够综合地应用知识、能力去界定、发现问题，解释、分析问题，并最终解决问题。此外，探究学习的另一目标就是让学生获得亲身参与探索的积极体验。通过让学生主动参与整个探究学习过程，激发探索欲望，使学生获得积极的情感体验。因此，探究学习过程同时也是一个情感活动的过程。

三、探究性学习的原则

作为一种以主体教育理论、建构主义理论、多元智力理论为理论依据的学习方式，探究学习的课堂教学要真正有利于每个学生的全面发展，其课堂教学管理应遵循以下原则：

（一）主体性的原则

主体性教育理论主张教育要以培养、发展和弘扬学生的主体性为根本目的，教育过程实质就是教育者借助于一定的教育手段和方法，将人类的优秀科学文化知识和经验转化为受教育者的品德、才能和智慧，从而将社会的精神财富内化为学生主体性素质的过程。由此可见，主体性教育理论无论在教育的目的上，还是在教育的过程中，都把发挥人的主体性摆在了十分突出的位置。事实也正是如此，任何教育教学活动都离不开学生个体的积极参与和自主活动，教育者的任务不仅在于传授知识，更为重要的是要在教育教学过程中充分激发和调动学生的能动性、自主性和创造性，培养学生的探究态度和发展学生的探究能力。探究活动是一个多侧面、多途径、多方法的活动，需要观察思考，需要提出问题，需要设计探究方案，需要根据证据来检验假设，需要提出答案、解释和预测，需要将探究结果与同学交流和讨论。同时，探究也是一个解决认识冲突的学习过程，需要学生坚持不懈地观察、思考、实验探究等。如果学生没有探究的积极性，探究活动就无法进行下去。探究学习让学生变成了教学的真正主体，因此，探究学习主张学生可以选择学习内容、确定学习方法、安排并实施学习计划、评价学习结果，对学生能力的信任毫无疑问能够鼓励学生在探究的道路上阔步前进。在探究学习的课堂管理过程中，教师要注意激发学生对问题情境或探究内容的兴趣和动机，给学生提供自主探索、自主创造的机会，充分发挥学生的主体性。

（二）情境性的原则

知识不是通过教师传授而得到的，而是学习者在与周围环境相互作用的过程中，通过同化、顺应和平衡，逐步建构起自己的认知结构的过程。传统的课堂教学，受到行为主义学习理论和以学科为中心的课程观的影响，把知识看成是脱离情境的纯文本，可以通过直接传授的方式教给学生，因而不注重学习情境的创设。所以，学生在传统的教学环境下，学到的是死知识，不利于知识的迁移和运用，不利于学生解决现实问题能力的发展和提高。

探究学习的一个重要目的在于培养学生敢于批判和质疑的探究精神，然而敢于质疑不等于盲目怀疑一切，必须以事实为根据，学生只有在解决真实问题的过程中才能养成这种精神，那种脱离学生实际进行抽象技能训练的做法只会压抑学生的探索兴趣。为激发学生的探究兴趣，教师应注意了解学生关注和感兴趣的问题有哪些，然后将那些真正来自学生和属于学生、联系学生生活和社会实际的问题纳入课堂。

首先，对学生感兴趣的问题进行调查统计和分析，以此作为设计课堂教学时选择探究主题和安排主题顺序的基础；其次，每堂课都应尽量留出一些"自由探究时间"，供学生探究他们自主提出的问题；最后，教学内容有时可根据学生的即时兴趣做出适当的及时调整。

在课堂管理过程中，教师应通过创设问题情境、真实的生活情境、实验探究情境等多种情境，激起学生思考的冲动，加强学生对知识的重组和改造，保证学生对知识的意义建构，提高学生发现和解决问题的能力。

（三）开放性的原则

开放性是探究学习最显著的特点，需要把学生置于一种相对动态的、开放的、多元的环境中。教育心理学研究表明，思维定式、功能固着等是影响问题解决的重要因素，封闭的课堂、传统的教学内容、刻板的教学方式、固定的标准答案等都容易使学生产生思维定式，从而减弱思维的灵活性和流畅性，进而影响创造性。研究也同样表明，思维必须以大量的信息为基础，产生观念的流畅性、灵活性、独创性都与信息量有关。也只有开放式的课堂才能容纳大量的信息，并促进信息在教师、学生、教材及媒体等之间合理地、高效地流动，为创造性思维的发展创设必要的空间。另外，在当今社会，学生不仅要学会占有作为社会首要资源的信息，更要学会选择和甄别有用信息。也只有开放式的课堂才能为学生提供充分的机会加以交流、讨论和争辩，培养他们不唯书、不唯师、不唯上、大胆质疑的品性和批判性思维能力。

因此，探究学习要求语文教师在课堂管理过程中不要过于干预学生探究的过程，而是要充分发挥学生的主体性，给学生以自由创造空间，鼓励学生走出课堂广泛地获取信息和收集资料，充分利用图书馆、实验室、科研机构、厂矿企业技术部门及家庭、社会的资源优势，多渠道多方位地进行开放性探究，让学习过程成为学生发现、发明的过程。当然，开放性绝不意味着放任自流，这就要求教师更充分地估计学生学习现状、教学内容的难度，同时更恰当地进行教学设计。

（四）合作性的原则

社会建构主义理论家维果茨基认为建构主义的学习应该是一种社会性、交互性的协作学习，知识不仅是个体在与物理环境的相互作用中建构起来的，而且社会性的相互作用更加重要，人的高级心理机能的发展是社会性相互作用内化的结果。因为每个人都以自己的经验为背景来建构对事物的理解，由于每个人生活世界的复杂性，以及作为认知者的每个人的认知建构方式的独特性，所以不同个体只能体验和理解到事物的不同方面。在语文教学中要使学生超越自己的体验和认识，看到那些与自己不同的观点，看到事物的另外的方面。特别是科学探究活动中，学生的基本假设、收集的信息、设计的方案、在探究过程中收集的数据、探究过程中的体会以及探究结论等方面都可能存在着相当程度的片面性。因此，在课堂管理过程中，要重视学生探究过程中的合作和讨论，使学生在发表自己的探究方法和成果、交流探究体验和感想、倾听他人探究经验的过程中进行客观的比较和鉴别，从不同的角度改进自己的经验和认识，丰富自己的探究成果和收获，形成对问题的全面的理解，从不同角度建构事物的意义，以利于知识的广泛迁移，同时有利于学生良好的合作精神的培养，也有利于发展学生的评价能力，为将来步入社会与人交往和合作打下良好的基础。

探究学习是围绕问题解决活动开展的，这些问题往往是综合性的复杂问题，学生需要依靠集体的力量进行分工合作。在探究过程中教师不再是知识的仲裁者、课堂的控制者，而是学生探究学习活动的支持者、引导者和合作者，是和学生平等相处的伙伴。当探究进程中出现一系列问题时，要充分信任、肯定学生，放手让学生尽情地发挥自己的聪明才智，让学生通过探究自主发现规律，在探究过程中让学生自主寻找解决问题的方法、思路，在教师的引导下，学生逐步积累探究的经验，学会探究的方法，提高探究的能力。

在课堂管理过程中，教师要尊重学生的人格，尊重学生的选择，建立合理融洽的师生关系；充分地走入学生的心灵，了解和关注学生的思维发展，尽可能减少对学生统一约束和整齐划一的要求，鼓励每个学生亲历各种探究活动，提倡他们选择与众不同的探究路径。教师不仅要容忍学生犯错误，还要大胆地鼓励学生尝试错误。因为只有经过错误考验的学生，他们的探究能力才能得到不断加强。教师要努力营造出自由、平等的氛围。如在学生做讨论进行探究的过程中，教师在教室里四处走动，与各小组进行交流。倾听学生们的问题和想法，不时评价他们的探究进程并确定适合学生学习的下一步计划。必要时，教师把学生集中起来，通过演讲、示范或讨论等形式提供其他信息。

学生通过讨论解决问题，同时又在讨论中发现问题。以往问题的解答全由教师包办代替，得出的结论学生被动地接受后死记硬背，造成学生只知其然，而不知其所以然，只能继承前人积累下来的知识经验、原则和方法，复制书本上的条条框框，而无法培养学生解决实际问题的能力，特别是创造性地解决实际问题的能力。因此在探究学习的深度管理中，教师完全可以尽可能地创造机会引导学生在边学边探究中解决问题，让学生亲自动手、动脑，互相合作，利用各种方式方法合作探究。在这一环节中，语文教师可以先用几分钟把解决不了的问题进行一下综合，然后让学生进行合作探究。形式可采取：生生讨论探究、小组讨论探究、整班集体讨论探究。通过对话、争论、答辩等方式，发挥学生的学探优势，利用他们集思广益、思维互补、思路开阔、分析透彻、各抒己见的特点，使问题的结论更清楚、更准确。此时教师要做到眼观六路、耳听八方，随时引导、点拨学生共同解决问题。

（五）差异性的原则

差异性原则是指教师在教学过程中应尊重学生的人格，关注个体差异，满足不同学生的学习需要，创设能引导学生主动参与的教育环境，激发学生的学习积极性，培养学生掌握知识的态度和能力，使每个学生都能得到充分的发展。传统的学习方式由于受固有的班级授课、集体教学、内容一致、标准统一等特点的制约，即使教师有注重个性差异的共识，在实践中也往往很难实行。然而，探究学习从满足学生的需要和兴趣出发，充分发挥学生的自主性，尊重学生的个体差异。不要求学生以同样的探究方案进行探究，也不要求学生达到同样的水平；探究的结果也不是评价的唯一指标。主要注重使学生有机会达到各自期望以及可能高中语文教学与写作研究达到的发展目标。

在小组合作开展探究活动时，教师要注意观察学生们的行为，防止一部分优秀的探究者控制和把持着局面，注意引导同学们让每一个人都对探究活动有所贡献，让每个学生分享和承担探究的权利和义务。正是因为探究活动中，学生会有不同的感受和体验，对问题也会出现不同的理解和看法。因此，在探究学习的语文课堂管理过程中，教师要保护学生的学习兴趣，探索因人而异的教学方式，要让每个学生在不同的学习、活动中都能发挥自己的优势。从学生实际出发，因材施教，才能真正做到面向全体学生，使每一位学生的创造性都得到自由充分的发展。教师对作品的理解往往更深刻、具有更高的水平，所以，在探讨中处于一个特殊的地位，扮演特殊的角色。但学生的认知常常更加敏锐、出于自然、更接近真实，且在不受众多背景性信息干扰的情况下往往具有独特的视角。因此，教师在探究学习的课堂管理过程中要尊重学生在学习过程中的独特体验，对学生独特的感受和体验应加以鼓励。

（六）发展性的原则

每个人的智力都是多元的、具有多种智力组合的个体，而不是只具有单一性质的、用纸笔测验可以测出智力的个体。每个人除了具有言语—语言智力和逻辑—数理智力两种智力以外，还有视觉—空间智力、音乐—节奏智力、人际交往智力、自我反省智力、自然观察者智力和存在智力；每个人都在不同程度上拥有上述基本智力，智力之间的不同组合表现出个体的智力差异；每个人都拥有智力发展的潜能，任何能力层次的人都可以通过学习让自己在各方面都变得很聪明；每一种智力都存在多种表现的方法。在某特定领域中，不存在标准化的、必然被认为是具有智慧的域性组合，没有判断聪明与否的一组标准特质。

多元智力理论对教师创造一个适合学生智力发展的环境提出了要求。除了要多方面、多维度地看待智力，发现智力的多样性，还应该以发展的眼光看待智力，寻求智力的发展。即使某些领域不是学生所擅长的，甚至是学生的薄弱智力，也都是可以发展的。事实上，若能给予适当的鼓励和指导，每个人都有能力使所有的智力发展到相当的水准。因此，在课堂管理过程中，教师要采用多元的评价形式，以"肯定性评价"为主，使每位学生都能看到自己的优点和长处，增加学生的自我效能感，从而增强学生学习的积极性；同时给予适当的补充和指导，使每个学生的薄弱智力也能得到充分的发展，从而促进学生的全面发展，使他们成为完整的人。

学生的发展有两种水平：一是现有发展水平，它决定着今天生活的内容，它可以根据学生已经能独立完成某种任务来测定；二是可能发展水平，它指的是那些正在成熟、尚处在发展中的心理机能与过程，决定着学生明天生活的内容。其实质表现为：学生在自己发展的现阶段还不能独立解答的任务，可以在与其他人的合作中得到解决。学生的发展是目的，知识、技能与技巧是达到目的的手段。没有指向掌握知识、技能、技巧的活动，学生的发展就不可思议；没有借以掌握知识、技能、技巧的潜力、天赋、机能的参与，也就没有真正意义上的教学与发展。因此，在我们教学中，重要的不是学生获得的那些知识、技能、技巧，而是在掌握知识、技能、技巧的过程中得到发展的能力、趋向活化的内在机能，它们将打开学生的认识步伐，促进学生更好、更快、更多地掌握有用的知识与活动。

受传统智力理论影响，课堂评价往往存在以下问题：

第一，评价主体单一，被评价者被排除在评价活动之外，只能被动地接受评价结果。如在对学生的评价中，很少让学生进行自我评价和同伴之间互评。

第二，过于强调评价标准的统一性，造成被评价者墨守成规、千人一面，严重压抑人的创造性和个性。

第三，评价内容单一，特别只关注对学业成绩的评价，忽视对学生身心各方面发展的评价。

第四，不顾学生发展的多样性和不平衡性，将所有学生放在同一评价标准下相互比较，一方面造成对学生评价的不准确；另一方面又严重挫伤学生的自尊心。学校主要是依据学生学科考试分数来评价学生，分数低的学生严重丧失自尊心，分数高的学生又容易被分数蒙蔽，看不到自己的薄弱之处。

第五，评价只关注结果不关注过程。这种单一的课程评价体系不利于学生各种探究能力的培养。因此，在探究学习的课堂管理过程中，其课堂评价必须遵循发展性原则，关注学生的全面发展，不仅关注学生在科学素养方面的发展，而且要了解学生在发展中的需求，发现和发展他们多方面的潜能，帮助学生认识自我，建立自信，促进学生在已有水平上的发展。随着新一轮基础教育课程改革的不断深入，探究学习也成为我国语文教育教学的一个热点问题。探究学习的实施有许多影响因素，其中语文教师的课堂教学管理与实施的有效性密切关联。

四、探究性学习的管理与实施

（一）课堂教学设计

成功的课堂教学与成功的课堂设计是密不可分的。探究学习的课堂设计应从制定探究目标、创设问题情境、设计探究方案等方面着手。

1. 制定探究目标

探究目标是指为探究活动主体预先确定的、在具体探究活动中所要达到的结果。它表现为通过探究过程学生在知识与技能、思维与情感和行动方式等方面发生的变化，它是探究教学的出发点和归宿，因此，确定合理、适当的探究目标是探究方案设计中的首要任务。探究目标对探究过程具有引导作用，能够避免探究过程中的目的性，将学生的注意力集中在与目标有关的事情上，尽量排除无关因素的干扰；探究目标还是激发学生探究动机的诱因，学生了解了探究目标，能激发他们主动探究的积极性，能够明确探究的方向，更好地评价和反思自己的探究实践；探究目标还为评价提供依据；探究目标还具有聚合功能，是探究过程中各组成要素的连接点和灵魂，对其他要素起着统率、支配、聚合和协调作用，使之发挥最佳的整体功能。因此，探究目标的设定必须以学科知识体系、学生实际情况、课程资源的实际情况为依据。

（1）学科知识体系。探究目标并非任意决定的，它必须立足于对学科教学内容的系统分析之上，做到能够从整体上把握学科知识体系，理清内容的基本结构，看某一特定内容在整个知识体系中所起的作用、所处的位置。对于一些关键内容一般要进行探究，但探究目标要服务于整个内容体系，而不仅仅是这一特定的内容本身。

（2）学生的实际情况。科学探究是学生自主学习的过程，是学生应用知识解决实际问题的过程。因此，教师要通过观察、调查、和学生谈话、研究档案等手段，分析学生已有的知识和能力基础，了解和掌握学生的学习动机、感知特点、认知风格、情感发展水平、情感需要、性格特点、态度特点等实际情况。在对学生进行调查、分析时，既要了解群体的一般特点，又要注意了解个体的差异和典型情况。因为探究目标是面向全体学生的基本目标，它必须在全面了解学生情况的基础上，才能把握这种基本的要求。

（3）课程资源的实际情况。由于科学探究是一个开放性的过程，因此，课程资源是探究学习顺利进行的重要保证，也是影响探究目标制定的重要因素。因此，在制定探究目标时，教师要分析学校和社区的资源情况、教师自身的教学特点和水平，以保证探究目标的实际可操作性。

2. 创设问题情境

探究学习实质上是问题解决的学习，问题是整个学习过程的核心和关键。因此，创设与探究主题有关的问题情境，在教学内容和学生求知心理之间设障立疑，让学生处于"愤""悱"的状态，引起学生对知识、对科学、对人生的兴趣，激发学生的探求欲望是探究学习首要和关键的一个环节。在探究学习中可通过以下途径创设问题情境：

（1）通过学科之间的横向联系创设问题情境。利用其他科目中那些有联系的事实或资料，创设趣味盎然的问题情境。

（2）通过日常概念和科学概念的矛盾冲突引发问题情境。学生从小在日常生活中形成了自己的一些概念，也就是日常概念。日常概念和科学概念之间有时是一致的，有时是矛盾的，甚至是对立的。从日常概念和科学概念的矛盾入手，可引起学生强烈的探究兴趣。

（3）利用多媒体创设问题情境。由于多媒体能以连续的声音、画面方式传播，可以使学生有身临其境的感觉，从而激发学生的兴趣。因此，在探究学习的教学设计中用多媒体创设问题情境，激发学生主动参与。创设问题情境的方式多种多样，它可以在其他创设情境的途径中交叉使用。教师可以通过故事、模拟实验、图像、音像、活动等多种途径设置问题。

（4）通过精心策划的课堂讨论创设问题情境。讨论对于激发学生的思维活动是一种最有效的方法。在教学中利用学生对某一问题的不同看法所引起的矛盾冲突，引导学生进行讨论，从而创设问题情境。由于在讨论过程中学生希望被认可的愿望非常强烈，教师在鼓励学生充分发表意见的同时，要适时引导他们冷静分析，从不同的侧面去认识问题。

综上所述，问题情境是影响学生学习的重要因素。在进行课堂设计时，教师应该深入地分析教材，结合学生的认知心理特点，来创设恰当的问题情境，以激发学生的学习欲望，激活学生的思维活动，从而培养和提高学生发现和解决问题的能力。

3. 设计探究方案

探究方案作为指导探究学习的指南，是决定探究学习成败的关键。因此，教学方案的设计既要遵循科学探究的基本过程，又要根据实际情况的需要。具体而言，可利用实验、科学史、结合生活实际、调查访问、查阅文献资料等形式来设计探究方案。

（1）利用实验进行探究。没有实验，就没有科学。同样，进行科学探究学习也离不开实验，否则，就不能把宏观和微观统一起来，建立联系深入本质，也就不能建立起学习科学的思维方法。在实验探究的实践过程中，学生的观察能力、操作能力、求实作风、科学态度、科学方法、合作精神等多种素质得到培养。

（2）利用科学史料进行探究。科学史料记载着科学从萌芽到确立直到走向成熟的逐步发展过程，对语文的教学具有重要的意义。语文课本中的概念、规律和理论，既是人类认识的结晶，具有科学知识的价值，同时它们又铭刻着人类思维的印记，具有思想文化价值。无数科学家的深邃思想是科学宝贵的精神财富。在设计探究方案时，要重视科学史知识的灵活运用，让学生在科学史料中、从杰出科学家的思想中获得探究学习的灵感和思维的方向。

（3）结合生活、生产实际进行探究。传统的课程目标是以学科为中心，忽视了课程和社会、生活的联系。探究学习结合生活、生产实际进行学习，是实现新课程目标的重要学习方式。这样既能更快更好地学习、理解知识，又能理解生活、生产中蕴含的科学道理，运用所学的知识解决实际问题，让学生了解科学知识与日常生活、社会生产的意义，培养学生运用科学知识和技能就人的健康和安全等问题做出决策和评价的能力，激发学生的学习兴趣和动机。

（4）利用调查访问法进行探究。探究学习在探究内容和方式上具有较强的开放性和综合性，仅仅在教室不能有效地获得解决问题的方法。所以，在探究学习中，要重视调查访问才能获得重要的事实和数据。

（5）通过查阅文献资料进行探究。信息资料是人类智慧的结晶，是学生的重要学习资源。在探究学习中，许多知识是无法从课本中直接获得的，因此，通过查阅资料获取信息则是一个较为有效的途径。充分利用前人的科学探究成果，从文献资料中收集验证假设的证据，是高效、快捷进行科学探究的途径之一。在探究学习中，学生可以充分利用这些宝贵资源，从中探寻服务于科学探究的事实和数据，这既可以使其得到某些有效证据，获得探究的线索或灵感，又可以节约探究的时间，使探究得以快速、深入地进行。文献资料包括图书馆中的书籍、报纸、杂志等，也包括网上的各种信息和数据。

在应用这种方法进行探究时，教师需要为学生设计并提供一定的信息资源，提高查阅资料的效率。在互联网环境下进行的资料查阅，由于受传输速率的限制，势必影响探究者的获取速度。在基于校园网的情况下，教师可以事先将学生可能用到的信息资源下载到校园网的资源中心内，从而使学生直接从校园网资源库中查询所需的信息资源。

（二）选择探究学习的内容

"探究学习的课堂内容即探究内容是探究学习目标的载体，是选择学习材料、安排教学环境和教学条件的依据。"① 虽然探究学习具有接受学习所没有的优点，但是并非所有的内容都适合于探究。因此，探究内容的选择就显得尤为重要。

选择探究内容应以探究目标、学生学习的准备情况和学习特征为依据，不仅要注意科学性，还要注意个性化和社会化，即要与个人和社会的生活紧密结合。因此，探究内容除了语文教科书上现成的探究内容外，还应选择一些社会生活问题以及学生自身发现的问题。

语文教科书。语文教科书是学科知识体系的精选，是教师和学生进行教学和学习的主要依据，具有较大的可操作性。如课程改革后的语文教科书就有很多内容适合于探究。

社会生活问题。即选择社会生活中的现象、问题进行探究。例如，处理生活垃圾是每户家庭每天都要面对的问题，为了方便，大部分家庭都是把所有垃圾放入垃圾袋中，然后扔进垃圾桶里，结果有些垃圾因不能自然降解造成了严重的环境污染。针对这一社会生活问题，教师就可以引导学生对"生活垃圾分类处理的必要性"进行探究。通过对这个问题的探究，从而增强学生的社会责任感，培养学生保护环境的意识。学生自身发现的问题。学生在学习和生活中会有很多奇思妙想，教师应鼓励和引导学生就这些内容进行探究。

（三）组织探究学习过程

在探究学习中，虽然强调学生的主体地位，但基于自身知识、经验和能力的局限性，没有教师的参与指导和调控，学生是很难取得好的学习效果。只有教师掌握良好的组织策略，安排好教学组织形式，不失时机地把握最佳时机，引导和调控课堂气氛，才能促进探究学习活动的顺利实施。具体而言，探究学习过程的组织策略主要有以下方面：

1. 保持课堂纪律

教师一人承担管理任务，大部分精力就会耗费在一些纪律问题方面，就不会有充足的时间去帮助学生探究问题，也就无法保证语文教学任务按时完成。把教师从繁重的管理任务中解脱出来的一个有效途径就是适当下放管理权，动员全班学生都参与纪律管理，师生共同制定一些管理条例，明确每一个学生的义务与职责，同学间互相管理，人人自我管理。因此，让学生参与管理、自己管理自己，学生就会有一种受到尊重、实现自我价值的感觉，学生会珍惜这种权利，也会更好地服从管理，让教师有更多的时间去帮助学生的学习，保证教学任务顺利完成。

2. 教学组织安排

探究学习常常是合作式的活动，学生之间大多数以小组为单位进行探究学习活动。但

---

① 孙英凤. 高中语文教学与写作研究［M］. 西安：世界图书出版公司，2017：147.

在分组情况下，也会出现积极参加者，消极被动甚至偷懒者。为使每位学生都有充分参与的机会，首先，应控制小组的规模，小组的规模取决于学生的年龄、探究的条件及性质，在教学阶段一般以 3~4 人为宜。其次，有计划地将小组成员编为 A、B、C、D……在不同探究活动中承担的任务进行互换，如操作的、设计的、记录的、完成报告的等角色的互换。甚至经过一段时间后，小组的组成也可重新编排。另外，有些情况是可采用全班和个人单独活动形式的，如当学习对象或任务比较简单，个人经过努力后能独立完成的，就应该采用个人单独进行；在活动最后总结经验时，就要采用全班讨论的形式。因此，教师要根据学习任务的性质以及学习进程设计教学组织形式。

3. 探究时间安排

在教学实践中，教学时间决定了教学的结构安排、内容选择和目标确定，从这一角度来看，控制和改变教学时间在一定程度上就意味着控制和改变教学活动。在课堂探究活动中，由于时间的限制，教师必须精心估计和设计探究环节的时间，使探究活动顺利完成。因此，教师在设计探究学习时，要对具体的探究过程做到心中有数，做到能够比较精确地预估每一步骤所需的时间，把握好整体时间的分配，使整个探究活动的节奏加快，转换自然，避免无谓的时间遗失。首先，要对学生的探究知识和技能的准备情况进行充分的了解，对学生每一步骤中可能做出的反应都要估算到；其次，要对探究活动所需的学习材料、实验器材进行精心的设计和准备，使探究活动能够按照预定的节奏进行下去。

4. 组织合作竞争

探究学习一般是以小组形式来进行的，在探究过程中可以培养学生的合作意识和能力。学生之间由于年龄特征、心理发展水平和认知风格等相近，在相互合作中会有一种心理安全感，会显得更加自由、畅所欲言，最容易焕发思维，激发创新。相反，在学生的合作过程中，不仅只培养学生的合作能力，同时也要培养他们的竞争意识和能力。在适当时机，个体活动与竞争能够有利于合作学习。而且，在现实社会生活中，竞争无处不在。因此，在探究学习中，教师要为学生创设合作交流，自由竞争的氛围，不仅要进行合作策略的设计，也要进行竞争策略的设计。

合作和竞争的组织，一是根据学生的特点和学习内容合理分组和分工；二是讨论的策略设计。教师组织小组交流讨论时，应注意做好以下方面的工作：一是做好导论性发言，讲清讨论的意义和目的，树立合作意识，互帮互学，取他人之所长；二是讨论中教师要及时热情地对发言者表示鼓励，适时地以简短的讨论来肯定和督促学生畅所欲言，各抒己见；三是当学生遇到困难时，及时予以点拨，使讨论得以顺利进行；四是出现冷场、跑题或无谓地纠缠于细枝末节而影响讨论时，教师应及时提醒，引导学生把注意力转移到正题上来；五是讨论结束时，小组组长要认真做好小组总结，记录下悬而未决的问题，以供在教师指导下通过国际竞争解决，形成“组内成员合作，组际成员竞争”的良好局面和氛围。

第四章　高中语文教学的课型设计

第一节　高中语文教学中的复习课型

复习课程主要针对的是以往学过的内容，对学过的内容展开系统的梳理，重新建构知识框架，寻找知识内容间的联系，让语文知识结构体系更加完整，让学生能够运用知识体系，解决实际应用中的语文问题。复习课和新授课之间是相对的，需要注意的是复习并不是一味地练习，复习是为了重新认识以往学过的知识，了解知识涉及的概念、知识体现的规律以及知识的外延应用，并且要理解知识和知识之间存在的逻辑关联，并且通过复习建设知识网络。复习是从实际的角度出发，理解知识的具体内涵，发现知识之间的关联，以此升华知识、巩固知识，将知识牢牢记在脑海中的过程。

一、复习课型的特征

第一，注重学生学习的主体性，让学生通过复习提高自己的能力。要注重学生对复习过程的参与程度，高中语文复习主要是为了深化知识，完善知识，提高能力，这些都需要学生将知识内化，所以，复习一定要体现出学生的主体性、自主性，要让学生积极主动地参与到复习过程中，尤其是要让学生亲自展开对知识的归纳、整理和完善，这一过程任何人都不能替代。教师可以对学生的学习给出一定的指导和讲解，但是必须在尊重学生主体性的基础上展开，要注意调动和激发学生对语文学习的兴趣。

第二，突出复习的针对性。复习是对知识的归类和梳理，要做到有的放矢，高中语文复习必须针对重点知识或者针对学生的薄弱环节，只有这样才能获得实际的效果。首先，复习应该针对全班同学都相对薄弱的环节；其次，复习还要关注学生知识掌握的差异，应该针对学习的薄弱地方做针对性的复习，容易混淆的知识点、容易记错或记漏的知识点应该着重复习，复习过程中教师要引导学生发现自己的问题，教师不可以将自己以为的问题当作是学生复习的问题，一定要让学生找出自己学习的薄弱环节，并且针对薄弱环节展开针对性的温故知新。

第三，注重复习的建构性，学生的复习应该注重知识的整合过程，要注重对知识进行归纳和整理。知识之间是有内在联系的，只有当知识被整合到知识系统中才能发挥自身的功能，才能利用知识间的关联解决语文问题，也就是语文知识的复习必须注重知识之间存在的纵向联系、横向联系，有计划、有规律地复习知识内容，从而让学生学到的知识可以系统、有条理地存储到学生的记忆中。学生应该有一条清晰的知识线，其可以利用知识线对知识做出由点到面的总结，而且总结应该按照信息的数量，有步骤、有计划地进行整理，尤其要注重知识之间的联系，有助于学生建立清晰的知识网络，有助于学生掌握知识归纳和整理的方法。

第四，注重复习的探究性，让学生在复习中探究知识的应用，提高知识的迁移应用能力。对高中语文知识复习而言，如果使用传统的说教形式能够获得的效果非常细微，高中语文复习一定要选择有针对性的、能够对学生带来启发的、能够帮助学生建立知识体系的方法，引导学生去探究问题、解决问题，培养学生的思维能力，让学生掌握解决实际问题的技巧，并且将技巧应用和迁移在其他的问题上。

二、复习课型的模式建构

第一，设立目标，依照学案展开自学。学生可以通过排查知识或者测评知识的形式检查本单元学习中存在的知识盲点，然后确立自己的复习目标，复习目标一定要有针对性，一定要有具体的指向性，只有这样才能让自学有目的、有方向，才不会陷入盲目的自学状态当中。如果遇到学习问题，学生可以自行查阅相关的工具和材料。

第二，交流讨论，不断地完善学生的知识体系。教师可以组织小组讨论，让学生和学生相互讨论存在的疑问，互相解答，教师也可以进行一定的点拨，但是点拨应该适度，教师应该给予学生充分的自主探索答案的时间，不可以直接给出答案。与此同时，教师也要引导学生朝着答案的方向逐渐靠拢，如果学生取得了一定的学习成果，教师应该给予夸奖和奖励，通过讨论学生可以建构自己的知识体系，可以对问题形成自己的理解，也可以对问题给出自己的解答，交流可以激发学生的思维，能够让学生想出更多的思路。

第三，要让学生参加实战演练，提升知识能力。在对学习重点和学习难点进行一定的训练之后，要及时清理存在的知识疑问，不要留下知识疑问。学生也可以自主查询资料，自主扫清知识盲点，也可以和其他人讨论交流，了解知识的本质。

第二节　高中语文教学中的活动课型

语文活动课是语文课改的一个特点。语文综合性学习能够培养学生的语文学习兴趣，能够提高学生的语文素养，与此同时，也会培养学生的探究精神、合作精神和创新精神。应该在语文课堂中提倡综合性学习，综合性学习注重在活动中了解语文知识，同时提高语文听说读写的能力，提高语言知识素养，实现语文知识学习和思想锻炼的结合。语文活动非常注重学生的活动体验，无论是在时间上还是在空间上都相对开放，相比于以往的常规课堂教学，学生能够获得更大的自主权，活动能够更好地满足学生对语文学习的需求，而且在语文活动过程当中学生的个人特长能够得到更大的体现。语文活动这一全新的课型具有非常重要的时代意义，相比于其他的课程也体现出了更多的优越性，未来这一课程形势的发展还需要语文工作者不断努力、不断探索。

一、活动课型的模式特征

第一，高中语文教学的活动课型模式的主体性特征。主体性特征体现以学生为主体，以教师为主导的新型教学模式，真正体现了学生的主体性地位。

第二，高中语文教学的活动课型模式的互动性特征。互动性特征强调了师生互动，生生互动，共同完成探索任务。

第三，高中语文教学的活动课型模式的自主性特征。自主性特征体现在学生由被动学习变为主动学习，积极提倡自主、合作、探究的学习方式。

第四，高中语文教学的活动课型模式的建构性特征。建构性特征体现在促进学生潜能的发挥和发展。

第五，高中语文教学的活动课型模式的多元统整特征。多元统整的特征包括多元智能的统整及听说读写多元能力的统整。

二、活动课型的模式建构

依据综合实践活动教学的原则和内涵，基于合作学习的模式，活动课课型构建模式如下：

第一，教师创设活动情境，学生进入情境活动。

第二，教师布置相关活动，将学生分成小组，分组完成。教师应该为学生设置任务情景，学生主动接受任务，并且开展活动，小组的方式有利于活动的开展，也有利于学生共同合作，一起探究、讨论、解决问题，为了让所有的学生都加入到活动交流当中，教师应该在尊重学生的基础上，合理地将不同的学生分配到合作小组当中，学生可以发挥自己的优点和特长，完成一小部分任务，在参与中体会到获得成功的乐趣。

第三，教师和学生之间应该积极互动、交流。教师可以为学生设置问题，引导学生思考，学生可以通过交流、阅读、讨论、实践等方式由浅入深地探究、分析问题，在这个过程中非常适合使用合作式、启发式、探究式以及对话式的教学方法。

第四，总结问题答案，形成自己的观点，并且分享活动当中的收获。学生可以根据自己的理解，归纳总结概括本次活动的主题，并且使用自己的语言表达出来，教师可以根据学生的发言，给出一定的建议或者补充。

第五，在总结的基础上，引导学生归纳升华。在这一过程中教师应该联系实际问题，引导学生将结论运用在实际问题当中，实现知识的学以致用，这一过程既是对知识的强化，也是对知识应用性的延伸和拓展。

第六，活动结束之后应该展示作品，并且对活动结果做出综合性的评价。学生应该以小组的形式展示研究成果，学生可以利用 PPT 或者手抄报的形式演示成果，对活动的评价应该由教师和学生一起完成，评价内容应该包括教师的评价、学生之间的互相评价以及学生的自评，而且评价应该涉及探究的过程和探究的结果，教师需要注意的是评价应以鼓励为主。

第三节　高中语文教学中的互动课型

在高中阶段，语文是一门重要的学科，在培养学生语文核心素养和塑造学生未来的发展方向方面都占据了重要的地位。多维互动教学模式是一种师生之间和学生之间多方面沟通的教学办法，以建构主义的理论为根基，以建构主义的核心为标准。在课堂上能充分调动学生的学习主动性，让学生在不同的互动中体验到学习的快乐，从而达到课堂的教学目标。营造多维互动的教学课堂，应该把握住师生之间、学生之间的多方面信息，通过沟通交流落实多维互动的教学模式，最终提升语文的教学质量。

一、课前的互动

（一）创新互动方式，激发学生兴趣

在上课之前，教师一般都会采取课前互动这一方法，因为在互动中能充分调动学生的互动欲望和兴趣，为接下来良好的课堂氛围打下基础。每一堂课都需要导入，导入的设计也非常重要，它能激发学生的学习欲望。在传统的课堂教学中，导入这一环节一般都显得单一和程序化，学生的积极性很难得到调动。因此，高中语文教师在课堂导入这一环节应该对其加以创新，让导入过程拥有趣味性并且贴近高中生的学习氛围，使多维互动教学模式的优势得以发挥。

（二）开展互动活动，提高学生兴趣

在高中生较强的学习压力环境下，语文教师应该充分发挥学科的多彩性，适当缓解学生的学习压力，为学生提供一个相对轻松的课堂氛围，使学生有主动互动和沟通的欲望。在课堂教学之前，教师应该根据教学内容的需要开展对应的课堂互动，调动学生的学习兴趣，让师生之间和学生之间有更多沟通的可能，这样一来就可以为建立良好的师生关系奠定基础。另外，教师在课堂互动当中应该关心到每一位学生，给学生主动展示自己的机会，从而让学生在课堂互动当中建立信心、提升自己。

二、课上的互动

（一）师生间的互动

第一，转变角色，激发学生的互动欲望。教师要做到灵活转变角色，最大限度地发挥师生互动的优势，这样的课堂效果才是最明显的。语文教师一般在教学过程中充当着教师、朋友、观察者等角色，教师要灵活转换角色，提高课堂质量，让学生获得良好的互动氛围，激发学生的互动兴趣，最终学生获得知识，教师也在教学中不断成长。

第二，设计问题，培养学生的思维能力。面对课堂教学时，高中语文教师应该重视对学生多向思维的激发，如发散性思维、逻辑性思维等。激发学生的多向思维能调动起学生的主观能动性，敢于发表个人意见和想法，从侧面也建立起了老师和学生互动的氛围。在激发学生多向思维的方法上，教师可以考虑在课堂上多提问等。所以，根据所设计的教学内容，语文教师可以适当地加入一些问题，通过提问激发学生的好奇心，这样不仅培养了学生的多向思维能力，也能让学生有效率地完成学习任务。

（二）生生间的互动

第一，小组活动，让学生能展现自我。在多维互动教学模式下，最能带动学生参与课堂的方式就是小组活动。现在的很多高中生都具有了自我思考的能力，相比于教师授课，他们其实更喜欢发表自己的见解。而通过小组活动，很多同学便有了展示自己的平台，不同的思想在这里形成碰撞和结合，更加有效提升学生的互动兴趣和学习主动性。所以，高中语文教师在教学过程中，要多组织小组活动，提高学生的表达能力和思考能力，也对学生的创新精神有所培养。

第二，互相评价，挖掘学生学习能力。互相评价不仅能有效缓解教师在课堂教学中的压力，还有利于营造出相互竞争的氛围。其实，互相评价的最终目的是激发学生互动的兴趣，让学生在互动的过程中互相学习、敢于质疑，从而提高语文教学质量。因此，教师在实践前要做好调查，从课堂表现分析每一位学生的特点，对其进行合理分组，保证学生都能在互相评价的过程当中进步。

多维互动教学模式始终是以学生为主体、教师为主导，充分调动学生的主观能动性和创造性。每一位教师应该提升个人素养，树立起终身学习的职业理念，在不断的实践中建立最科学的多维互动教学模式，不断提升高中语文的教学质量。

第四节　高中语文教学中的自主感悟式课型

自主感悟式课型是在自主感悟式教学模式下实施的一种课型，在自主感悟式课型实施过程中，需要进行六个环节，即"读""括""赏""疑""悟""移"。所以高中语文中自主感悟式课型的实施，需要从这六个环节循序渐进地实施。

一、自主感悟式课型中的"读"

在高中语文自主感悟式课型的有效实施，首先就需要进行"读"的环节，这一环节中，主要是朗读、阅读、诵读、默读、听读、齐读等。致力于学生良好阅读习惯的培养是实施自主感悟式课型的基本目的，首先引导学生初读课文，并将自己的感受提出来，引导学生在教师的启发下直接与文本进行心灵对话，弄清大意，得到自己的初步感受，从而为后续的分析和鉴赏以及质疑等奠定坚实的基础。但是在文本解读中，并非死读书，需要将整个读书过程激活和活跃起来，并非局部掌握某个知识点，在和文本对话时，实现心灵、情感上的沟通，要求学生在课内外注重阅读，从而为自主感悟式课型的实施奠定坚实的基础。

二、自主感悟式课型中的"括"

在这一环节中，主要是在读的基础上，对文章的中心思想、脉络予以概括和归纳，一般而言，需要学生对文章的中心思想和脉络以及作者的观点与情感进行归纳和概括。要求学生在阅读的基础上将课文的主题句、关键句找出来，弄清其思路，从而对课文有效地的压缩，进而掌握文章的骨架，最后在骨架的引导下感悟课文的主要思想。整个过程中，都是在教师的引导下，进行自主感悟，有助于学生学习内容的掌握和感悟。

三、自主感悟式课型中的"赏"

这里的"赏"，主要是赏析课文的词语、句子和段落，从而促进学生文字敏感度的训练。这就需要引导学生将词语所表达的表面意思进行有效掌握，而且还要找出其暗示性的意思，从而更好地赏析课文的奥妙之处，有助于学生联想能力的强化，促进学生想象力与思辨能力的提升。

四、自主感悟式课型中的"疑"

要求学生在学习中学会质疑问难，并将其作为一种习惯，只有实现于无疑处生疑，才能更好地在不断地质疑中学习和发展，促进学生质疑精神的提升。因此，在高中语文自主感悟式课型中，教师要引导学生学会质疑，用质疑来促进学生思辨能力与想象能力的提升。

五、自主感悟式课型中的"悟"

为了强化学生的文学底蕴，强化学生的智慧和能力的提升，教师需要在高中语文自主感悟式课型引导学生学会感悟，在感悟中悟出创作的规律和写作的技巧，进而悟出人生哲理，采取联想、思维发散、反思和自省，达到由表及里的效果。

六、自主感悟式课型中的"移"

引导学生要学会知识迁移，做到举一反三，才能取得良好的效果。这就需要对学生的阅读和写作的深度不断地拓展，引导其借助网络和数据，注重有关写作素材的积累。"将课堂向课外延伸，让学生在广阔的语文空间中探究和交流，达到举一反三和触类旁通的效果①。"

综上所述，在实际教学中，我们还要始终以发挥学生主体作用为导向，切实强化对学生的引导，才能更好地提高高中语文自主感悟式课型的实施效果。

---

① 李明. 感悟、实践——谈高中语文点拨发散教学法［J］. 教书育人，2017（17）：70.

第五章 高中语文"学历案"的设计

第一节 "学历案"的设计依据与环节

一、"学历案"的设计依据

高中语文"学历案"的设计依据有以下理论：

（一）建构主义理论

建构主义主张知识不是教师对学生的单向传达，而是置于社会文化背景和情境中，创建学习共同体，共享学习资源，思考讨论探究学习问题，促进学生主动地建构知识。简而言之，学生并非一无所知地走进课堂，教师需要引导学生从原有的知识经验中生长出新的知识经验。

"'学历案'设计立足学生立场，课前预习呈现明确的学习目标、学习路径、评价标准、资源建议，让学生学有所备、自主学习；课中学习从听中学、说中学转向做中学、悟中学，将学习经历还给学生；课后反思自己的学习过程、内容、方法，提升元认知水平，在反思中形成素养[①]。"

（二）有意义学习经历理论

教育质量的关键是创造有意义的学习经历，伴随着学生的高度投入、高度活力，整个学习过程为学生带来巨大的影响力，进而学生不但获得了有意义、持续的变化，而且也为他们的实际生活带来意义价值。简而言之，"有意义的学习经历"的即时效应能够促进学生主动学习，提高学习效率；其长远效应能够增强学生的学习力，让学生终身受益。

"学历案"设计关注学生的"在学习""真学习"，设计体现学习进阶的任务活动，把

---

① 明萌. 高中语文学历案单元设计探究［D］. 上海：上海师范大学，2020：10.

课堂的时间空间留给学生去体验、质疑、思考、讨论、经历，以此获得知识技能、培养情感价值观，将三维目标的融合、学科的育人价值落到实处。

（三）深度学习理论

深度学习是指学生基于教师预设的专业方案，经历有指导、有挑战、高投入、高认知的学习过程，并获得有意义的学习结果。"学历案"设计首先体现学生主体，学习目标设计关注"教学能够为学生带来怎样的发展"，评价任务贯穿整个教学过程，即时评估教学有效性，关注学生学会。其次重视学习经历，创设挑战性问题情境，设计指向核心素养的学习任务。强调自身学习，不仅在听中学、说中学，而且在做中学、教中学、悟中学，追求真实学力的培养。同时关注学生差异，分层设计作业，设置学后反思，进行个性化批注指导，在反思中形成素养……总体而言，"学历案"是指向深度学习，帮助学生学会、会学、学得有意义。

二、"学历案"的设计环节

"学历案"设计环节的框架（图5-1）包含"学前整体感知""学中实施评价"和"学后反思提升"三个阶段，进一步细化为"目标线""方法线""内容线""实施线""评价线""思想线"及"提升线"七条主线，以明确"学历案""学什么""怎么学""学得怎么样"的问题，同时通过学后反思以期达到"会学"的效果。基于"学历案"的三个阶段和七条主线，在素材的选取、知识的逻辑及活动的设计等方面融合语文学科核心素养的要求，以期帮助学生实现从浅层学习向深度学习的转变。

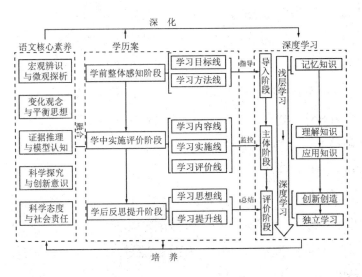

图5-1　"学历案"的设计环节

第二节　"学历案"的框架设计与策略

"学历案"是教师预设的、学生学习用的方案，旨在让学生通过"在学习""真学习"实现教学价值；设计既包含要学的知识与技能，又包含这些知识与技能是如何习得的路径，关键是教师如何创设多样的、适当的学习情境（经历）或学习任务，让学生真正投入学习。为利于学生自主建构知识，"学历案"要围绕某一主题设计学习过程（主题是一个单元的3~5节课或单节课的内容，也可以视为一个项目学习）。有了"学历案"，上课时教师把它分解到各节课的教学中去。

关注学生"在学习""真学习"，这是国际教育的趋势。"真学习"需要经历两次信息转换，即教—学—学会。教学主要体现在帮助学生实现第二次信息转换，即学会。要实现学会，就要经过学校教育的三环节，即老师—方案—学生互动，方案包括学校课程规划方案、学科课程纲要、"学历案"，其具体实施策略如下：

第一，制定学科课程纲要，实现课程实施主题化或项目化。由于"学历案"的实施过程多按单元（主题或项目）或学时设计并组织教学，"因此，根据学校课程规划方案，有效制定学科课程纲要，才能有利于实施主题或项目化教学①"。具体而言，学科课程纲要的主题或项目要明确，操作要具体。

第二，把握"学历案"实施基本环节，实现操作"形神兼备"。"学历案"包括三个环节：①课前自学；②课中助学；③课尾自测。

首先，借助"课前自学"前测学情，了解"你已经知道了多少"。课前自学是实施课堂学习的任务导向。通过小问题、小练习，了解学生已有认知基础和学习经验，并提前准备、搜集课堂上的学习资源，包括个人经验、已有知识基础、以前知识储备、知识表达方式等。在学生经验中，认知基础直接影响着学习好坏，所以教师通过前测学情可以准确了解学生已有知识储备和认知角度。另外，学习态度影响学习氛围，氛围是否浓厚又直接影响学习热情，教师要把握"学习动机"，注重课前预设。通过引导学生课前思考与准备，为课堂学习的有效开展提供保障。

其次，透过"课中助学"经历学习，把握"你真的学会了吗"。课中助学可以呈现（记录）教与学的活动过程。在此过程中，教师作为引导者、促进者，起到助学作用，能够根据课堂生成适时调整教学内容。因此，正确处理好"差+异"的问题，让每位学生都

---

① 张明. "学历案"的框架设计与实施策略 [J]. 地理教学，2016（1）：12.

经历"真学会",而不是虚学会、假学会;让更多学生都实现"在学习",而不是疑似学习、游离学习,就成为教学的关键。为此,在助学过程中需要注意:①在学习经历组织方面,可以按教学环节来组织(按部就班),也可按学习进阶来组织(从易到难),还可按问题解决来组织(主题学习)。②在主体参与方面,要注意"留白",即助学单上设置用以随时记录学生学习过程的思考和活动经历。③在知识线索呈现方面,要与前后知识关联,学会梳理新学知识的概念图或结构图。④在活动情境创设方面,要让"做中学""说中学""教中学"成为课堂常态。

最后,提供"课尾自测"查漏补缺,尝试"我来教你不懂的"。课尾自测是学生自我或集体的反馈方式,检测可以评价学生学会了什么,反思还有什么疑惑。方式可以是纸笔测验、调查报告、小论文,也可以是表现任务、作品、实验、绘图、表演、演说等,鼓励先学会的学生做好"小先生"。此环节是实现学生"学得进去""讲得出来""教会他人"的最后一环,是检测课前、课中学习成果的关键一环。

第三,搭建"学历案"研究平台,实现团队互助成长。教师通过设置情景、提供支架或"学历案"、释疑解难、监测学习信息、提供针对性支持等途径,引领和促进学生学习。因此,推行"学历案"为共同体成员提供了交流的信息平台,促使教师知道要分享哪些经验,如何表达自己的观点,开展什么样的研究或实践活动,让教师共享成果、价值观和教学信念,最终建构促进团队专业成长的有效机制。

第四,推行"学教评一致性"课堂教学,告知课堂增值情况。使用"学历案"目的就是让学生的学习增值。学习增值包括动力值(更想学)、方法值(更会学)、知能值(同样条件下学得更多)、意义值(学到的东西是有意义或受用的)。课堂变革是否有效的标准就是关注增值了多少。基于"学历案"的主题单元"学教评一致性(双向一致性)"设计案例,体现对"在学习""真学习""学会了没有"的监测,实现"以学定教""先学后教""学主教从"的教学思想,对评价学生"想学吗""会学吗""学到什么程度""到底增值了多少"有明显效果。

第三节　"学历案"评价任务设计与实施

没有评价的教学是一种无目标的教学,因此,评价任务设计是教学设计的重要环节。教学是否有效,要通过实施评价任务来观察分析,找寻证据,通过搜集的信息判断是否达成教学目标,进而确定下一步教学的措施和方向。"评价任务是指为检测学生的学习目标达成情况而设计的检测项目"①。它以任务的形式把知识、技能、知识获取的过程中涉及的思想方法、知识间的联系整合及应用等元素融合于具体情境之中，通过任务的实施来检测学习目标的达成情况。评价任务主要包括两种形式：一是传统的纸笔试题，如选择题、填空题、解答题、判断题、匹配题；二是表现性评价任务，如课堂真实情境中的师生问答，学生的表演、实验、展示、调查、复杂的纸笔任务等。

一、"学历案"评价任务的设计方法

第一，评价任务设计应在学习活动设计之前进行。传统的教学设计流程，是"先确定教学目标，再设计教学活动，最后进行评价"。而"学历案"的设计流程不同于传统教案的设计流程，为了确保证据的"有效"，它把评价任务前置，放在教学流程设计之前，即"先撰写学习目标，再围绕目标确定评价任务，最后设计学习过程"。评价任务在教学设计中起着承上启下的作用。教师在设计"学历案"时，首先要思考的是"学习目标"；其次是该用怎样的"评价任务"来帮助搜集学习目标达成的证据；最后才是针对"学习目标"，结合"评价任务"去设计教与学的活动，即"学习过程"。这样做，能更好地帮助教师把握学习目标达成的"标准"，合理区分学习任务和评价任务，使学生的学习活动更有针对性，更好地落实"学—教—评"一致性的原则。

第二，评价任务设计要围绕"情境、知识点、任务"三要素。从"情境、知识点、任务"三个要素出发设计具体评价任务。评价任务的核心是检测学习目标达成情况，要使学习目标可测、可评，需要设置问题情境，给出具体可操作的任务指令，把要检测的知识点合理配置在任务和情境之中。问题情境与学习目标越匹配、与学生经验的吻合程度越高，评价效度也就越好。

第三，评价任务有三种与学习目标匹配的设计方法。有效检测学习目标达成度的评价任务应满足三条标准：与目标匹配、看得明白、实施可行。从目标匹配的角度看，评价任务设计的方法可以是"一对一"（一个评价任务只检测一个学习目标）、"多对一"（多个评价任务同时检测一个学习目标），也可以是"一对多"（一个评价任务同时检测两个或两个以上学习目标所包含的知识点和能力点）。

二、"学历案"评价任务的实施建议

（一）树立"教学、学习、评价"三位一体意识

课堂中的评价是以学习为核心的，目的在于促进学习。课堂评价必须关注与目标相关

---

① 吕建林. "学历案"评价任务的设计与实施［J］. 江苏教育，2017（3）：65.

的学习，必须收集学生学习的充分准确的信息，必须在教学活动中持续实施。在有效的课堂中，一切都应当围绕学习来展开，围绕着学习展开的一切都应当是相互配合的。课堂的目的不在于对学生进行区分，而在于帮助学生学习或实现"变化"。

教师应该明白，不是等到知识讲授完毕以后，通过两个题目练习一下或者组织一场考试才叫评价。评价已经不是教或学之后再来评的一个环节，也不是一个人教和另一个人学了之后等待第三者来评的孤立环节，教学、学习、评价逐渐被看作是三位一体的关系，评价与教学、学习紧密地联系在一起，相互制约，相互影响。

（二）加强保护获取准确信息和有效证据的渠道

利用评价任务获取教学信息的渠道主要有四种：一是引导学生"说"；二是从学生"写"中获取；三是看学生表现，包括测验、任务完成情况，也包括动作、表情等表现；四是学生的作业、作品。评价与教学之间其实存在着复杂的互动关系，尤其在教师与学生进行互动时，教学与评价实际上很难分得开，可以说，"评即是教，教即是评"。有效的"教"中即使看不到明显的"评"，但"评"其实无处不在。真实的教学情境中，师生问答是最常见的评价任务的实施形式，也是获取学习信息的重要渠道，而师生交流不畅是当前存在的主要问题。教师突然急切的语气、皱眉的举动、打断学生的回答，都是看起来不明显的"评"，然而当事的学生都会发现并感受到压力。因此，教师要摒弃只能答对不能说错的想法，应该包容学生失误，鼓励学生积极表达真实想法，鼓励学生相互交流、协作。耐心听学生说完，有价值的反馈信息也许在后面。只有当学生的表达信心得到保护，表达能力得到提升后，我们才能得到准确有效的证据，才能做到善加利用。

（三）突出学生在学习、评价活动中的主体地位

"学历案"是学生立场的学习变革，提高评价任务的有效性，既需要丰富评价的形式与手段，更要让学生有机会展示，多途径地展示，这样教师才能准确了解学生学习的情况。课堂时间宝贵，教师需要精心设计有价值的评价任务，根据学情恰当设问，有粗有细，从容留白，敢于放手，有选择余地，有给学生的发挥空间，才能适应不同类型学生的学习需求。如果学习、评价任务设计过于绵密和呆板，完全把学生的思维限制在缺乏思考空间的问题串当中，用检测来鞭策学生问题没有成为学生学习的支架，评价没有为学生学习提供支持和帮助，学生的主体地位就无法体现。

总而言之，教师在课堂上一定要紧紧围绕学生的"学"来施教，根据评价任务的完成情况密切关注学生的学习动态，才能做到讲得精练，学得高效。

第六章　高中语文阅读教学及"学历案"设计

第一节　高中语文阅读教学及其阅读活力

一、高中语文阅读教学的体系

（一）阅读的教学本质

1. 宏观视野中的阅读

（1）阅读的教育学意义。阅读是教育之本，阅读能力是学习各门学科的基础学力，是一个人终身学习和发展的前提条件。可见，教育应以培养学生的自读能力为起点，为中心，为归宿。从这一意义上来看，学校的各科教师都是阅读教师，都负有指导学生阅读活动、提高学生阅读能力的任务。

（2）阅读的语言学意义。阅读理解以语言为媒介，读者必须首先破译语言符号，才能从中提取出意义，而文字又是语言的代码。因此，读者必须首先具备相当的语言、文字的知识与技能，才能进入阅读境界。读物所传送的各种意义，从语言学的角度看，都是一套有组织、分层级的线性语流。它从最小的表意单位词语开始，逐层组合成词组、句子、句群、段落、段落群以至篇章和书卷。换言之，读物就是作者思想情感的语言外化。有关语言和言语的知识，是读者与作者共有的库存。正是凭借这一公共库存，读者才能与作者进行跨越时空的思想和情感的交流。

（3）阅读的社会学意义。阅读是个人行为，也是一种社会活动。读者的阅读活动是整个社会文化生活的重要组成部分，它要受到社会物质生产水平和精神发展水平的制约，还要受到社会整体或某一地区的文化教育水平和科技发展水平的制约。同时，社会也给读者的阅读活动提供了某些不可或缺的保障，阅读虽然是读者个人的求知活动，但其深层意义在于它是读者和作者以文会友的一种社会交往活动。阅读是社会信息和个人信息、社会记忆和个人记忆的媒介。同时，阅读还为社会生产力提供了潜在的因素，人们在阅读中所获得的各种知识和信息，将以新的生产力因素表现出它的物质力量。另外，阅读所具有的求知、立德、开智、审美、养身、娱心等多方面的功能，也持续地培育着社会读者的素质。因此，阅读成为人类素质生产的历史，成为社会精神文明的发展动力。

2. 微观视野中的阅读

在微观的视野中观察阅读，阅读其实是一个在特定的环境中，读者与读物相互作用的行为系统，这个行为系统表现出以下特色：

（1）阅读是物质活动和精神活动的统一。阅读离不开一定的物质条件。读物是由物质材料构成的。阅读环境起码是一个具有自然光线或照明光线的物质环境。

（2）阅读是心理活动与生理活动的统一。阅读是读者全身心投入的一种活动境界。读者的阅读行为受他的动机和兴趣的驱使，带有明确的目的性。在阅读行为中表现出读者的一般心理过程（感觉、知觉、记忆、思维、想象等）和一般的心理状态（注意、情感、意志等），表现出读者的个性心理特征（智慧品质、能力、性格、气质等）。读者的阅读行为是他的全部心理活动和心理特征的记录，只是因为这些特性总是带有很强的内潜性，因而往往不被人们重视，甚至也不为读者自己所意识。阅读心理研究使我们知道应当注意阅读心理卫生。心理是大脑的属性。读者在阅读活动中的多种心理活动和品质特征，是他的健康的生理机能系统的反映。读者依靠视觉、听觉或触觉，从读物中感知信息；依靠多种神经通路将读物所提供的初始信息传导至大脑皮层的各个特定区域去进行加工；依靠中枢神经系统保障清醒的意识状态和强烈的情绪反应；依靠口腔、呼吸道等言语运动器官和手臂的骨骼、肌肉运动，去完成阅读中的听知、讲说、书写等活动。由此可知，健康的大脑和神经系统是阅读行为得以正常进行的生理条件和物质基础。阅读生理的研究，使我们知道应当注意阅读生理卫生。因此，阅读是读者心理过程和生理过程的统一。

另外，阅读主要是一种智力活动和智力技能。首先，阅读活动具有智力活动的特征。智力活动和技能的特征是观念性、内潜性和简缩性。阅读是一种读者借助内部言语，以简缩的形式对读物进行加工改造的智力活动过程。特别是默读，更具有智力活动的属性和特征，它是人类智力活动的主要方式之一。其次，阅读活动充满了信息加工的原理和特征。读者既是读物所传输的信息的宿主，又是传输过程中加工处理信息的中介。读者的这种二重身份，决定了阅读智力活动是读者主体与读物客体之间相互作用的辩证统一。

（二）阅读文体的教学

1. 小说文体

（1）小说文体的作用。小说具有塑造角色的作用，可以在一定程度上表现出社会现状。与其他文学种类不同，小说有其特殊的价值，可以细致、深刻地展现出角色所处的环境，进行多个层次、多个维度描述，真实地表现出社会生活。相比其他文学类别，小说发展较晚，但其发展壮大后，很快占领了重要的地位，产生深远的影响。因此，虽然现在电影普及度较高，但是小说仍占有一定的地位。

（2）小说文体的特性

第一，多样性与广泛性。小说在描述社会生活方面具有多样性和广泛性的特点，它囊括社会生活的各个方面。即使是篇幅小的短篇小说，也依然具有广泛性，能体现出丰富的社会现状。

第二，细腻性与丰富性。小说在角色表现力上具有细腻性与丰富性的特点。此特征与诗歌或者剧本体裁的作品相比，尤为突出。在小说中，若是对角色刻画上有利，并且能够表现出角色的命运，作家可以将角色的阅历、身份等进行细致的描写。作者还可以利用角色的描述，直接阐明其内心活动和性格，并且融入丰富的感情，让角色在复杂的社会生活中具有一定的特殊性；除此之外，还可以在繁杂的生活场景中描绘出角色的特征。在小说中，作家表现角色的描写方式，若是对艺术有利，均可按照自己的喜好展开，并且可以利用环境的描述表现角色的性格和心情。可见，在对角色的塑造上，小说具有优势。

第三，灵动性与完整性。小说中的情节可以充满灵动性，并且保持一定的完整性，情节的发展可以借助环境与角色来完成，角色的心理活动变化可以依靠故事情节的设定来完成。情节设置得越精巧和完整，角色的性格越饱满。

（3）小说文体的类型

第一，长篇小说。长篇小说的内容丰富，篇幅最长，可以更加细致和深刻地表现出社会生活的复杂情况。在一定条件下，长篇小说包含许多个角色，能够体现复杂和多变的人物关系。在对角色进行描写时，需要结合一定的历史背景。长篇小说在篇幅上的表现使得此类作品需要保证一定的结构，虽然在结构上并无特殊要求，但是需要将美学原理运用得当，利用完整的结构把故事和情节、背景展现出来，保持和谐一致。

第二，中篇小说。中篇小说可以把一定的历史、社会生活和故事情节很好地融为一体，相比短篇小说较复杂一些。中篇小说中一般包含多个角色，虽然角色和角色之间的关系不如长篇小说那样复杂和多样，但它仍然具有一定的情节发展和变化，不像短篇小说一般简练，也不如长篇小说一般复杂。中篇小说的篇幅基本保持在 3 万~4 万字左右。

第三，短篇小说。短篇小说的内容较少，其篇幅与长篇小说或中篇小说相比，简短而精练。它通常只描述特殊时期的场景和情节，通过某个或多个角色的生活来表现一定时期的社会生活和情况。短篇小说角色较少，情节相对简单，它与长篇小说有较大差别，较少体现出极度复杂的情况，也无法像中篇小说一样表现生活场景中的复杂故事，它通常选择社会生活中的经典部分，进行简要地叙述，找到深入人心的题目，推动对社会现状的关注。作家在创作短篇小说时，可以非常迅速地表现社会现状，跟随时代的脚步。因此，短篇小说的现实感更加强烈，是一种重要的体裁。

（4）小说文体的内容体现。现代的小说理论颠覆了早期的小说观，认为小说是以散文写成的具有某种长度的虚构的故事，人物、情节、环境是小说的三要素。

教材中的小说，主要包括那些由古典小说改编进入教材的文本，现代小说的原本或节选，以及一些外国小说翻译文本。一些教材中的小说有节选自《三国演义》的《三顾茅庐》，节选自《水浒传》的《林冲棒打洪教头》，节选自《西游记》的《三打白骨精》，节选自萧红《呼兰河传》的《我和祖父的园子》，还有外国小说《爱之链》和《船长》等数篇。小说这一文体具有内在的规定性，体现在以下方面：

第一，故事叙述的虚实结合。通俗而言，虚拟性就是小说中叙述的并非真人真事，用虚构来模拟现实生活。没有虚构就没有小说，虚构是小说的本质。小说家的艺术才华不是看他对生活的实录能力如何，而是看他的虚构能力如何。虚构高于实录，甚至比实录更为真实，这种真实就是艺术的真实，艺术的真实比生活的真实更能反映出生活乃至人情人性的本质。

第二，人物刻画的多种方法。刻画人物是小说作品内容的核心，而且小说刻画人物的方法比散文、诗歌等文学样式更自由、更多样化。小说通过展示人物的音容笑貌、心理状态、行为举止等多方面，或直接或间接地刻画人物性格。

第三，情节开展的脉络交错。描写人物必然要展现情节，由于可以突破时间和空间的限制，小说情节的丰富性和完整性远远超出其他文体。在文体教学过程中，教师应引导学生分析小说的情节结构，对于情节复杂的长篇作品，这一过程尤为重要，应引导学生体会小说复杂细致的情节脉络对整个作品的支撑意义。

第四，环境描绘的自由宽广。小说中的环境描写不仅可以增强人物和情节的现实感，还能大容量地展示社会面貌和风土人情。文体教学时，将小说中的环境描写与人物、情节联系起来分析，使学生充分了解小说中环境描写的必要性和重要性，也更深刻地理解作品的主旨。

（5）小说文体的阅读方法

第一，小说中人物的阅读。小说可以从多个维度对角色进行塑造，展现丰富多彩的人生。小说不仅可以描绘人物的真实经历，也能够虚构一段经历；不仅能表现简单的生活场景，也可以体现复杂和激烈的较量；不仅可以展现小人物的一个面貌，还可以讲述一代或者几代人的经历；不仅可以展现丰富的肢体、形态、语言等外在形象，还可以体现出人物充沛的情感、人性等充斥在内心深处的内涵。

小说在讲述人物和场面时更加深刻和精细，比一般的戏剧更加灵动。它通常有多种表现方式，可以从多个角度，丰富地体现人物情感和思维；还可以利用人物的语言和语气，在对话和交流中表现人物的特点，在内心描写、表情等多个方面描绘人物的整体形象，让人物更加丰满。所以，在欣赏和阅读小说时要明确作家的写作意图和思维，这是提升小说鉴赏水平的重点。

第二，小说中情节的阅读。故事情节是一条贯穿作品始终的线。人物的情感、外貌特征、性格等在一件件具体而生动的情节中展现，这些内容要具有一定的时间顺序，而不能互无关联，因此要以具有连续性的内容来构成小说的情节。一部小说的中心思想需要在故事的情节中延伸，部分小说由多条时间线组成，各式各样的矛盾相交，更要加以注意。想要明确小说的中心，需要掌握作品的故事情节。构成情节的方法较多，包括倒叙、顺序、插叙等。

首先，找出作品的线索。线索指贯穿在整个情节发展中的脉络，作用是把显示人物性格及其发展的各个事件连接成为一个整体。只要能找到一条贯穿整个作品的线索，情节的来龙去脉也就容易把握了。线索分为单线、复线，而复线又有主、暗线之别。

其次，细节与场景描绘。场景指的是由角色在特定情况下的活动而组成的一幅幅画面，这是构成故事情节的基础，在此之上延伸的情节是由场景不停切换所引起的。场景一般由许多细节点构成。

最后，关注角色的情绪。一些小说的故事发展与典型小说不同，它是由人物的内心延伸而来的。在鉴赏这些作品时要把握作者的情感，按照人物的情绪和情感发展过程来探究小说的内容和内涵，掌握作家的思路。

（6）网络小说文体的阅读

第一，网络小说文体阅读的特征（表6-1）。

表6-1　网络小说文体阅读的特征

类别	内容
平等化	过去，文学作品的创作由作家主导。作家指的是专注于文学作品研究和写作的群体，他们一般以写作作为谋生的饭碗。现在的网络作家，一般也具备较强的文字表现能力，热衷于文字创作，因此将网络文学作为工作。与过去的作家不同，现在的网络作家更加神秘。网民在网络条件下具有一定的权利，可以把生活的片段和感受及时分享给网友。此外，网络文学作品颠覆以往从编辑到发行的过程，使网络作家可以按照个人意愿进行创作和发布，展现其价值观念

类别	内容
交互性	网络作家一般能够在几天或者几个月内创作一部长篇小说，可以一边写作一边在网络上分享，并且可以根据阅读者的意见及时更新和修改文章。交互技术的生成和使用，让网络中的人互动更加频繁。作家在文学交流中的主导地位逐渐下降，文字撰写的随意性不断提升
文本结构的开放性	网络文学需要利用现代化的数字技术来传播文学作品。一些文学作品的作家在每一章的下方添加一个链接，来强化小说故事情节发展的多向性；一些作品的某句话被标记为彩色或是用下横线来重点强调，使得故事情节的发展更易被理解，此类文学作品，使得阅读者参与到作品的创作中。并且，这种超越小说文本性的操作让阅读者可以依据个人喜好进行阅读

第二，网络小说文体阅读的审美（表6-2）。

表6-2　网络小说文体阅读的审美

类别	内容
多媒体性	网络文学可利用多媒体进行制作。网络文学具有综合文字、图形、图像、音频和视频等众多类型信息的多媒体特征。文学形象具有间接性，读者要通过语言符号才能"还原"艺术形象，这就需要读者有突出的领悟力和丰富的想象力，才能进入优美的意境，并陶醉于美妙的音乐之中。网络文学可以充分运用多媒体技术，给作品配上音乐，并加上精美的画面。这种文字与音乐、文字与画面相结合的方式，充分调动了人的感官系统，给人以全新的审美感受。声音、文本、图像、色彩、光线、动画、想象力和互动感结合在一起，是诗、画和音乐的多媒体艺术展示。现今，这种人们随时可见的包含多媒体技术因素的文本，受到广大网民的喜爱
趣味性	由于现代生活的学习和工作压力倍增，网络文学的趣味性让其变成最为闪亮的星星。要想符合广大群众的喜好，就需要具备世俗情怀。在进行小说创作的过程中保持幽默感、贴近现实生活、文字容易阅读、剧情容易理解，更加贴近对于美的追求，来满足阅读者的内心想法，符合大众的审美水平

网络文学的趣味性可以体现为三方面：①模仿经典作品。网络文学的作家将文学的艺术形式作为生活的乐趣。②幽默风趣。网络文学的作者通常不会将生活中的困难和痛苦加入作品中，为让读者感受到快乐，他们会在作品中加入娱乐效果，以表现丰富的情感和乐趣。③调侃生活。不同于传统文学，网络文学有其特殊性，使得它可以更加自由地表达情绪。

　　网络文学可以结合图片、文字、声音等内容，把抽象的事物更加具象化地展现在阅读者面前。并且，它还可以利用这些内容把不同于现实生活的美学作品传播出去。阅读者在阅读作品的过程中更能感受到丰富的内容，可以沉浸在听觉、视觉、触觉的多种感受中，仔细地品味阅读带来的美好感受。

　　网络文学带来的效应使文学作品的审美水平、内容深度以及灵动性降低，也使阅读者的感受力、想象力降低，失去一定的独立思考意识。并且，网络文学超出文本属性，缺乏阅读的连贯性，文字内容相对分散，读者可以根据自己的喜好选择期望的故事情节和结局。

　　第三，网络小说文体的阅读方法。网络文学属于文学作品中的一类，本身具有一定的文学特性。不管是网络形式的诗歌、散文、小说，还是戏剧作品，在学习方式上与传统意义上的散文、诗歌、小说以及戏剧没有明显的不同。在鉴赏方式上，文学鉴赏依然适合网络文学。然而，由于网络文学作品有其特殊的审美属性，因此需要对其鉴赏方法进行研究（表6-3）。

表6-3　网络小说文体的阅读方法

类别	内容
调动感官系统全方位感受	在互联网迅速发展的情况下，网络文学依托于网络这一媒介，通过丰富的媒体技术展现在人们眼前。在阅读网络文学作品时，无法像过去阅读传统文学作品一般仅停留在视觉的体验中。网络文学增加了听觉的感受，把听觉和视觉融为一体，把人类的感性部分和理性部分交织在一起。利用声音和影像的方式给予阅读群体更多的感官体验，充分发挥其各个器官的功能。但是，网络文学作品中使用多媒体也为阅读者带来不利的影响。文字中包含的丰富内容开始被画面和声音覆盖，使人无法沉浸在文字中感受和体验生活；文学的思维和视角逐渐被多媒体取代，导致阅读者逐渐缺失想象能力
欣赏与创造相结合	网络文学作品包含超文本的属性。这项功能的使用，让网络文学在写作和被接受过程中区别于过去的文学写作形式。超文本的阅读模式表现为文字主体和文本内容的融合，以满足阅读者与文学内容的交流。这样的交流体现在：首先，交互式文学作品，通过一个或者多人写作完成作品的开头部分，然后作家在体验完开头部分之后，结合个人的经历、感受和想象，完成作品的后续部分，成为一部由多个人共同完成的作品。此外，阅读者在完成整部作品的阅读之后，可以把想法和建议告知作家，帮助作家不断修改自己的作品。其次，作家在故事情节描述过程中给阅读者一定的选择权，选择的结构不同，阅读的内容和情节也将不同。不管是通过何种方式阅读，阅读者均可在文学作品中表达自己的想法，在协作的过程中享受到阅读的乐趣

2. 诗歌文体

诗歌是文学史上最早出现的一种文学体裁。早期，诗是和乐而唱的。随着社会的发展，虽然诗已经不再以唱的形式传播，但人们仍习惯地称之为"诗歌"。

诗歌的特点表现在诗歌的外在和内在两重形式中。诗歌的外在形式指的是诗歌呈现在外、能够被感知到的形式，会从视觉和听觉这两方面给鉴赏者带来特殊的感受：①视觉感受，诗歌的语言排版大多简洁明了，句式排列有规律可循；②听觉感受，诗歌在表达的时候节奏清晰，字字分明。诗歌的内外形式通常均是以相互交融的形式来突出诗歌的特征。诗歌是为表达诗人对事物的感受和领悟所产生的情感和想法。诗人能够将抽象的思想情感通过事物来将其具象化，通过特殊的表现手法达到内心情感与景致相融合的思想境地。

（1）诗歌文体的发展。诗歌最早起源于原始人在劳动中发出的有节奏的呼声。随着人类语言的产生，文字的出现，人们把歌唱的语言记录下来，便成了文字记录的诗歌。中国诗歌的历史，严格而言，应从《诗经》开始。《诗经》是中国最早的一部诗歌总集，最初称为《诗》或《诗三百》，直到汉代，学者们将其奉为儒家经典，才被称为《诗经》。《诗经》都是配合音乐而作的，根据乐调的不同，分为风、雅、颂三类。该作品是中国现实主义文学的奠基之作，《诗经》以四言句式为主体，灵活多变，广泛运用赋、比、兴手法，语言丰富多彩，开创了中国第一种古典诗体形式——风体诗。

第一，战国时期的诗歌。战国后期形成于楚国的"楚辞"是继《诗经》之后出现的一种新的诗歌体裁，是一种与《诗经》所代表的现实主义诗歌相映照的浪漫主义风格的诗歌，是一种"书楚语、作楚声、纪楚地、名楚物"、具有楚文化特色的乐诗，以六言、七言为主，长短参差，灵活多变，多用语气词"兮"字。爱国主义诗人屈原是楚辞奠基人和最优秀的代表作家，其代表作品是《离骚》。《离骚》是中国古代文学史上最瑰丽的长篇政治抒情诗。后人把《离骚》作为楚辞的代表，将楚辞称为"骚"，又把《诗经》和《楚辞》并称为"风骚"。此外，屈原的《九歌》《九章》《天问》以及宋玉的《九辩》都是楚辞中的重要作品。《楚辞》中的作品贯穿着强烈的浪漫主义精神和浓郁的悲剧色彩，其丰富的表现手法、章法结构及华美繁丽的辞藻，对后世文学，特别是汉赋影响极大。

第二，两汉时期的诗歌。两汉时期的赋体来源于荀子的《赋篇》，并吸收了《楚辞》的某些形式要素。汉初贾谊的辞赋取得一定成就，其代表作品《吊屈原赋》表达对屈原的深切哀悼和怀念，也抒发对自身遭遇的不平和愤慨，形式上虽已有散文化倾向，但仍未脱去楚辞的形迹，因此被称为骚体赋。贾谊以后，辞赋进入大赋时期，内容大多是铺陈当时贵族的生活。枚乘的《七发》奠定了汉大赋的形式格局，司马相如的《子虚赋》《上林赋》等是这一阶段重要的代表作品。东汉张衡的《归田赋》、蔡邕的《述行赋》等开始用辞赋抒情写志，突破大赋的原有体制，对魏晋时期的抒情小赋和唐宋时期的散文产生了积极的影响。

两汉时期出现了中国第三种经典诗歌形式——乐府诗。乐府，最初的意义是入乐的歌辞。人们一般所说的乐府诗是指民间歌谣以及一部分带有本土色彩的文人作品，从现存的乐府民谣来看，东汉的作品居多，西汉也有一部分。乐府民歌直接继承《诗经》的现实主义精神，以"饥者歌其食，劳者歌其事""感于哀乐，缘事而发"的里巷歌谣，深刻反映当时社会生活的风貌，体现劳动人民的心态、愿望和要求。

受汉乐府民歌的影响，汉代文人五言诗开始酝酿发展。东汉末年产生的《古诗十九首》标志着文人五言诗的成熟。《古诗十九首》非一人所作，内容相当复杂，是东汉末年生活的真实反映，它继承了乐府诗中的抒情诗的技巧，并进一步融合《诗经》《楚辞》的艺术成果，成为更成熟的诗歌形式。

第三，唐代时期的诗歌。唐代是中国诗歌史上的黄金时期，也是古典诗歌高度成熟和百花齐放的时期，初、盛、中、晚唐各期，名家辈出，群星灿烂，各种艺术风格流派异彩纷呈。有"初唐四杰"之称的王勃、杨炯、卢照邻、骆宾王四人和稍后的陈子昂，上承汉魏风骨，反对齐梁浮艳诗风，积极开拓诗歌思想内容，使诗歌题材从宫廷扩展到社会现实，风格变化渐多，律诗绝句的规范化逐渐完成。特别是陈子昂打出复古的旗号，力促诗歌革新，把唐诗推向一个新的发展阶段。

盛唐时期还出现了两大诗歌流派：一派是以王维、孟浩然为代表的"山水田园诗派"，内容多为山水风景，风格澹远；另一派是以高适、岑参、王昌龄为代表的"边塞诗派"，诗的内容注重政治题材，风格雄放。王维善于将绘景状物与阐发禅趣相结合，被称为"诗佛"，他的诗中有画，意境幽美，审美价值极高，其代表作品有《山居秋暝》《鹿柴》《竹里馆》等。

晚唐时期，诗歌大多染上浓厚的感伤色彩，其间最有成就的诗人是杜牧和李商隐。杜牧擅长写七绝，其咏史怀古诗风格俊爽高绝，最为出色；李商隐的七律沉博绝理，内容十分丰富，感怀诗深受杜甫影响，深刻反映当时社会生活，此外其爱情诗颇为成功，尤其是"无题"诗，工于比兴，用典甚多，往往意味隽永，耐人寻味。

第四，宋代时期的诗歌。《全宋词》录入作品两万余首，词人一千四百余位。北宋柳永是第一个精通词律的专业词人，创作出大量篇幅较长、结构复杂、音调更为繁复的慢词，从内容到形式都富于平民色彩。《八声甘州》《雨霖铃》等将抒情、叙事与写景完美结合，是词中精品。苏轼的"以诗为词"扩大诗歌题材，提高诗歌的意境，丰富诗歌的表现手法，其豪放清旷的词风，启迪了南宋的豪放派词人。

北宋婉约词的集大成者是周邦彦，其作品标志着宋词艺术的深化和成熟。其精巧工丽的典雅风格熏染着南宋的格律派、风雅派词人。生活在南北宋之交的李清照，是继秦观以后另一个"婉约派"的正宗词人，是中国古代最优秀的女词人，其词意境深厚，感情婉曲，造语清新，婉约中带有豪放的风格。南宋最伟大的爱国主义词人当推辛弃疾，他继承苏轼词的豪放风格，并加以发展。其词慷慨纵横，有着强烈的爱国热情、豪爽的英雄气概、充沛的创作才力和多样的艺术风格，尤其是能将经史子集之语熔铸入词，开拓了词的境界，形成词史上著名的辛派词。

第五，明、清时期诗歌。明、清时期的诗歌创作相对衰落，总的成就未能超越前代，但也流派众多，名家迭出。清初的王士祯提倡"神韵"，成为当时诗坛的领袖，另外，郑燮反映民情之作，袁枚直抒性情之作，纳兰性德的小令都代表了清代的诗歌成就。清末龚自珍以其先进的思想，打破清中叶以来诗坛的沉寂，领近代文学史风气之先。

第六，当代的诗歌。进入21世纪，随着中国社会多元文化格局的生成定型及环境的日益宽松，诗歌写作在语言风格、表现手法、题材取向、美学形态等方面呈现出罕见的丰富性与驳杂性。首先，从语言角度来看，"书面语写作""口语写作"以及"书面语"加"口语"的"复合型写作"并行，且持各种语言写作角度的诗人人数众多，蔚为大观。其次，从内容角度来看，"人性化写作"的盛行在诗歌的内容上普遍增强了人性体验的深度与广度，显示出对人的日常生存境遇与生命本身的关注。除"民间写作"与"知识分子写作"的代表性诗人写出一批力作之外，一大批诗人均创作出"人性化写作"的文本。许多诗人投入大量精力与心血进行着长诗的创作，意图通过营造在结构上较具规模与难度的诗歌文本来实现自身某种宏大的艺术追求。

（2）诗歌文体的特征。文学是对社会生活本质和现象进行的形象、集中、概括的反映。诗歌通过高度凝练的语言，其对生活的概括性更为突出。诗较之于其他文学体裁，更为凝练。而浓缩与凝练，正是诗概括生活的基本特征。①诗歌中信息高度浓缩，感情张力足。诗歌可以在极为短小的篇幅里概括尽可能多的生活内容与思想感情。②诗歌的意蕴挖掘深。诗人于平凡中巧妙地挖掘出生活的本质和规律，独具慧眼地发掘出深刻的主题。

（3）诗歌文体的分类

第一，根据题材内容分类。根据题材内容，诗歌可以分为抒情诗和叙事诗。抒情诗以揭示诗人的内心世界、表现诗人的主观感受为主，因此抒情诗最充分地体现了诗歌的特性与诗人的个性。叙事诗通过比较完整的故事和人物形象表达出诗人对社会生活的认识，但在叙事中仍然浸透着作者的情感色彩，并不是纯粹的客观叙述，而是叙事与抒情的结合。

第二，根据表达形式分类。根据表达形式，诗歌可以分为格律诗和自由诗。格律诗在字、句、行、顿、韵等方面有一定的规定；自由诗则以自然的音节自由成章，没有固定的格式。中国的诗歌和外国的诗歌有着不同的发展过程、不同的语言形式和文化传统，因而在分类上也有不同的表述。如中国古典格律诗通常又被称为"近体诗",是相对于唐代以前的古体诗而言的,"近体诗"是唐代人在南朝沈约提出的"四声八病"的基础上形成的新体诗,包括绝句、律诗、排律三大类,具体又可分为五绝、七绝、五律、七律、五言长律、七言长律六种,在创作上都要严格遵循一定的格律要求,即定字、定句、定韵、对仗、合声律。尔后发展起来的白话诗,也有自由体、民歌体和现代格律体等之分。

第三,根据时代角度分类。首先,古代诗歌。古代诗歌的两种分类:①按音律来分类,可分为古体诗、近体诗、词、散曲。其中,古体诗和近体诗是唐代形成的概念,是从诗的音律角度来划分的。②按内容来分类,可分为叙事诗、抒情诗、送别诗、边塞诗、山水田园诗、怀古诗、咏物诗、悼亡诗、讽喻诗等。其次,现代诗歌。现代诗歌的两种分类:①按作品内容的表达方式分类,可分为叙事诗和抒情诗;②按作品语言的音韵格律和结构形式分类,可分为格律诗、自由诗、散文诗。

(4)诗歌文体的阅读方法

第一,阅读诗歌中的情感。抒情性是诗歌的主要审美特征。情感是诗的天性中一个重要的活动因素。充沛的生命情感是创作诗歌的先决条件。诗人在生活中受到外物的刺激时,其内心的情感也会随之而变化。诗人会将情感的转变借物抒发出来,以诗歌作为情感的载体来感染他人。

抒情是诗歌中最常见的,也是最不可缺少的情感元素之一。无论诗歌是怎样的题材,均是抒发诗人情感的载体。从古至今,优秀的诗歌作品无一不包含浓郁而真挚的感情。无论诗歌中想要表达的是诗人的何种情感,优秀的作品都会撼动人们的心灵。

间接抒情是通过借助对外界人、事物或景物的描写,来抒发人的情感。它主要是利用物体或景色抒发诗人的情感。在诗歌的描写中诗人不会直观地表达情感,而是通过对景物注入感情的方式,情景交融,寓情于景,更自然地流露出内心的情感。

第二,阅读诗歌中的语言。诗歌不仅是情感艺术,更是一种语言。诗歌语言还具有一定的模糊性质,这是与哲学语言相比较所得出的结论。诗歌的节奏指的是在朗诵诗歌时,由声音振动所发出的带有韵律的节拍,简单概括就是人们在诗歌朗诵时的抑扬顿挫。节奏是一首诗歌的生命和形态。诗歌节奏的改变影响诗人情感的变化以及诗歌的内容。每一首诗歌的节奏都有它独特的欣赏价值。著名诗人李商隐的一部分诗歌作品比较晦涩难懂,但即使对于内容理解得不够透彻,人们也能够通过诗歌的节奏韵律感受到诗歌的优雅。

现代的诗歌在创作过程中摒弃古典诗歌中严谨的格律形式,重新创造出一种符合现代诗歌创作韵律和汉语语言特征的新诗歌形式。比起诗歌的外在形式,现代诗歌更在乎的是诗歌内在情绪的渲染。现代诗歌的韵律以灵活、轻松为特点,因此在创作意境方面更具有优势。

诗歌表达中的语言虽然要求精练，但不能事事详细。对于词语和句子之间一些形式上的关联基本没有必要表达出来，通过简单的重点描绘使读者发挥想象即可。正是因为这样，诗歌语言具有很大的跳跃性，但这种性质需要与诗人所表达的情感变化一致，要随着诗歌逻辑和情感的起伏而变化。

第三，阅读诗歌中的意象。在美学的学习过程中，意象是一个基础的内容。它是鉴赏诗词时的常用角度，也是组成优秀文学作品的基本要素。从字面意思理解，意象是被诗人赋予情感的事物。意象在诗歌中主要表现为两个类别：其一，直接意象。这是诗人脑海中对于某一个具体事物的想象，然后将自己的情感寄托在这个事物上。在诗歌的意象中，此类意象最为常见，相比其他意象占比较大，但在特定情况下，诗人碰到相对复杂的情况，难度较高的问题，并且蕴含复杂的情绪时，直接意象难以将其情感表达完整。其二，间接意象。间接意象可以划分成象征意象与比喻意象。比喻意象指的是将类似的事物用来做比较，常被用于对一个事物或者人物的摹状。

使用比喻意象可以把抽象的事物表现得更加具体，可以把没有特定形态的事物表现为具有声音、表情、思想的事物，给读者以深刻的体会。象征意象可以表现一个有具体形态的事物，或者带有特定情感的意象。在诗歌写作中仅描写象征体的内容，未提及被象征事物，可以使得诗歌意味深长。并且，被象征事物和象征事物应当具有一定的关联性与随意感，使诗人可以自由地发挥想象力。阅读者可加入自己对诗歌的感受与理解，使情感和感受力更深刻。

（5）诗歌文体的阅读技巧

第一，感知生活中的诗意。现实生活中，不乏美的事物，只是缺少发现美的眼睛。生活中，每个人都有各自的渴望和追求，只有留有好奇心、童心，才能体会生命中的美。而在阅读过程中，要常充满激情，才能体会作者的感情。任何学习都是一个温故知新的过程，要善于唤醒那些原有的知识与经验，只有多学习和阅读，鉴赏能力才能有水到渠成、顺乎自然的提高，才能感知生活中的诗意。

第二，了解作者以及创作背景。"知人"就是在人们品味诗歌的过程中，了解诗人的经历、创作背景、情感。而从作品中体会当时的社会状态，对作品产生的年代历史更加深入地分析，则为即论世。解析诗人与历史之间的关联，有利于更加正确地把握诗歌的情感和思想，不断品味其艺术特性。例如，王维的《桃源行》中写到自己对神仙生活的向往和痴迷，他脱离精神上的思绪，体现出对现实生活的不满意状态。又如，陶渊明的《桃花源记》中写到他对于频繁战争的痛苦和无奈心情，以及对美好生活的渴望，保持自己高洁的品格，坚持自己的理想。虽然两者均写到桃花源，但是在思维和情感上体现出完全不同的意思。所以，在鉴赏诗歌时，不要仅停留在诗歌的字面解释上，而是要深入时代背景，理解诗人写诗时的情感和意图，才可以更加深入地走进诗歌。

第三，对诗歌的内容展开联想想象。鉴赏诗歌时，阅读者可以按照自己的品诗习惯，利用自己的想象力去品读，体会诗人想要表达的情绪和抒发的情感。诗人无法在诗歌内容中展现出所有的内容，因此需要进行一定的深度剖析来理解诗歌的含义，这也使得阅读者可以在原有的基础上继续诗歌创作。对同一首诗不同的人会有不同的感受和理解，这取决于阅读者自身的思维和品诗水平。不同的阅读者会有不同的经历，对诗人的感受自然也不同。不同的原因在于，阅读者的欣赏能力有差异，想象能力也不尽相同。

3. 散文文体

（1）散文文体的发展。散文是中国最古老的文体，《尚书》是中国第一部散文总集。此后孔子编《春秋》，虽微言大义，但不能适应春秋、战国时期急剧变革的社会形势发展的需要。于是，便出现了以记载各国卿大夫和新兴的士阶层言论以及历史活动的代表作《左传》《国语》《战国策》。

《左传》以记事为主，是中国第一部具有文学价值的编年史。叙事具体生动，剪裁得当，尤其长于描绘春秋时期各方面的矛盾，能够把头绪纷繁的事件和错综复杂的战争故事写得主次分明、繁而不乱。《左传》的语言简练生动，刻画出一系列性格鲜明的人物形象，对后世文学产生了积极的影响。

《国语》以记载邦国成败的"嘉言善语"而得名，是中国最早的国别史。全书记载西周末年至春秋末年五百余年内周、鲁、齐、晋、郑、楚、吴、越八国的历史片段。

《战国策》汇集策士们的奇计异策，其人物描写富有个性，言辞格外铺张，是文学价值最高的历史散文。全书描写了六百多个人物，鲁仲连、唐且、冯谖、邹忌、荆轲、苏秦等性格鲜明的历史人物，都是富有生命力的艺术典型。

第一，汉代时期的散文发展。代表两汉时期散文最高成就的是司马迁的《史记》，此书以人为经，以事为纬，记载上自轩辕黄帝、下至武帝太初年间，长达三千年的历史。全书共130篇，包括十表、八书、十二本纪、三十世家和七十列传，其内容之丰富，结构之完整，体例之严密，前所未有。《史记》以人物纪传来反映历史内容的写法，被称作"纪传体"，司马迁也因此而开创了中国的史传文学。

汉代的一些应用文，同时也是抒情议论的散文。例如，邹阳的《狱中上梁王书》、司马迁的《报任安书》等，都是优秀的名篇。魏晋以后，散文中骈偶成分增多。南朝时期，各种书札、游记，甚至学术著作，皆通用骈体，形成骈文统治的局面。骈文特别追求形式的美，通常以四、六字句为主，注重对偶、声律、用典和藻饰。此虽不足称道，但骈文中有一些作品仍然具有一定的历史价值和审美价值。

第二，宋代时期的散文发展。宋初的文坛依然重形式轻内容。欧阳修的《醉翁亭记》《秋声赋》等写景、叙事文流畅自然，富含理趣。欧阳修对宋代文坛的另一大贡献是其所提携的王安石、苏轼、曾巩等，均成宋代文学的中坚。王安石的议论文成就最高，具有立意高远、思想深刻、简劲犀利、雄辩有力的鲜明特点。苏轼才华横溢，其议论文见解独到、析理透辟；记叙文挥洒自如、姿态横生；碑传、游记将景、事、情、理融于一体；序跋、杂记信手拈来，自然纯熟。

第三，明清时期的散文发展。明代是散文创作的沉寂期。明初的刘基、宋濂亲身经历社会改革，写出了一些富有现实意义的作品。例如，刘基的《郁离子》是寓言小品集，批判当时的社会。而《卖柑者言》则是刘基的一篇优秀的讽刺散文，广为人知。宋濂长于写传记和记叙文，《秦士录》《送东阳马生序》是其散文作品的优秀代表。

明中叶以后，先后出现了多个在当时的文坛引领风骚的文学流派。晚明小品文兴盛，如张岱的《陶庵梦忆》《西湖梦寻》《西湖七月半》《湖心亭看雪》《柳敬亭说书》等，都是传世的名作，尤受读者喜爱。活跃于清初文坛的魏禧、侯方域、汪琬，被称为"古文三大家"。

清中叶出现了散文领域历时长久、影响最大的流派"桐城派"，其代表人物是方苞、刘大櫆、姚鼐。"桐城派"讲究古文"义法"，以清真雅正为宗，作品内容多以宣扬程朱理学为主，风格虽显单调，但也有一些较优秀的作品，如方苞的《狱中杂记》《左忠毅公逸事》，姚鼐的《登泰山记》等，均为后世所传诵。

第四，当代时期的散文发展。由于文学事业的逐渐发展，为满足理论实践与创新研究，学界将文艺通讯、科普文学、报告文学、杂文等这些原本属于"散文"的体裁与广义的散文区分开，然后归类为一个单独的文体，因此散文的范围逐渐缩小，变成现如今的狭义散文。短篇文章在描写人、物以及写景状物时，不仅富有文采，还形式多样。狭义散文在写人记事和写景写物时不会局限于一种形式，同时会运用记叙、议论、描写、抒情等手法，艺术表现力更高，所以可以更快速、直接地展现现实生活。

（2）散文文体的类型

第一，抒情散文。以展现和表达作者的情感思想为核心的散文即抒情散文。抒情散文具有很强的抒情性，其中通常包括一些描写和形容某些事物的部分，但不会是全文重点。在文中即使是描写自然事物的景色，也会带有更深层次的思想情感。

第二，写景散文。写景散文中主要描写风景景物。写景散文一般既描写风景也表达情感，也叫寓情于景、借景抒情。主要采用移步换景的描写方式，形象地描写景物。这样既让读者了解背景，烘托氛围，还可以更好地突出文章主题以及表达情感思想。

第三，叙事散文。叙事散文是描述人物和事物的散文。叙事散文中会着重描写和讲述人物与事物，同时语句内也会带有浓烈的情感，以表达作家的体会与看法。叙事散文如果侧重于写人，就会将人物作为文章的中心，首先大致描写人物的性格特点；其次重点描写人物的性情、涵养以及精神气质。

第四，哲理散文。哲理散文是人们智慧的结晶、理念的碰撞、思想的集结。它包含古今中外的许多思想内容，从日常琐事的记叙中表达哲理。优秀的作者对哲理中的关键点加以修饰，即可写出让人回味无穷、充满思想的文章。

（3）散文文体的阅读方法

第一，基于全面诵读来知情悟理。

首先，在全面诵读散文时应该关注作品中变化较大的句型。散文文学作品中的句子片段均有精妙之处，它们有长有短、有骈有偶，有承接也有转折。在学生进行多次的朗读过程中可以感受到这些精妙之处。整句通常音调协调，句式工整，朗朗上口，情感丰富；散句的形式多样化，有长有短，虽然结构松散，但是读起来会有活泼、灵动、不枯燥、富有变化之感。在散文作品中将整句与散句适当地结合运用，可以提升表达效果。

其次，品读散文的语言节奏。散文的语言，虽然不像诗歌那样讲究音律，但其整齐匀称的句式、平仄相间的声调、和谐自然的韵脚、回环悦耳的叠音，可以增强文章的节奏感、表现力和感染力。将散文格律的练习与句子形式的选择联系起来，可以使文章读起来朗朗上口，让听众听起来更舒服，也更容易被人记住；同时其语调又高低曲折，韵律协调，可以使阅读者感受到语言具有的魅力与吸引力。朗读文章时应该抓住这个特征，尽量根据文章中的句子长度以及语气的抑扬顿挫进行朗读，在朗读过程中理解作家情绪，感受散文语言的魅力。一边朗读一边理解作家的写作目的，寻找文中的好词佳句以及其中蕴含的情趣风味，感受散文具有的韵律美、意境美以及形式美。

最后，应通过诵读与作者交流。散文作家直接将自己的情感与思想投入作品中，读者可以从文章鉴赏过程中轻易地走进作者眼中的世界，与作者做心与心的交流。在散文鉴赏中，人们要透过文字阅读作者，感受作者的性情与意趣、见识与修养、审美崇尚与追求。观文知人，散文阅读是拥抱作品与作者的过程，是心灵与心灵的对话，感情与感情的交流。

在散文中，情与理往往是相映成趣、相映生辉的。散文是人类真我的袒露，是人类生命的精神家园，解读散文就是解读、品味人类自身。作者把长久体味、积聚的情感思想，借助精深的笔力表达出来，闪烁着理性的深邃光辉；读者诵读品评，需要以多元的精神为导引，开放性地接纳、理解，由此而拓展自己的认知空间，从而更好地提高审美品位。

第二，通过以形聚神来探究主旨。散文的"形散"是指散文选取材料来源的丰富、广阔和行文方式的多种多样、多变灵活。"神不散"，是指渗透在字里行间的情绪、意蕴、主题等，类似于一个人具有的涵养与精神，是一个整体，如果想体会到这种感觉通常要仔细研究。"形神兼备"一词表明"形"与"神"是相互依附而存在的，所以一篇优秀的散文需要实现多种素材和中心思想的统一。鉴赏散文、抓住散文神韵的方法具体如下：

首先，探寻主题前先了解写作背景。表现主题需要依靠作者自身的世界观以及写作背景，理清作者写作的心境和时代背景、社会环境，是探索散文主题的重要途径。

其次，抓住凝聚点，探索主题。散文主题的凝聚点是指特别精练警策的词句，是作者精心安排的。

最后，梳理文章的思路，归纳主题。文章为阐明中心服务，在阅读散文时，应找到归向文章的主旨，留意总结概要。还应找出并理解散文中的重要词语或句子，尤其是绘声绘色、内在充实的词语或句子，而进一步展现文章的思想内容以及可以表达作者的见解态度的词语或句子，通常也会隐蔽地阐明文章的中心思想。

第三，"以小知大"的赏析技法。散文普遍性的艺术特征和表现手法是"以小知大"。此处"小"的含义比较广泛，既可以是某一人、事、物、景，又可以是选取的某个表现角度，还可以是某种象征和比喻手法。"以小知大"是一种艺术处理的独到功夫，它将具体细微与抽象深刻连接，可以知晓全局。

首先，选材"小"。"以小知大"中的小可能是指散文选材"小"，但其主旨博大、深远。散文的选材非常广泛。散文选材的"小"，由其文体本身决定。在写散文时往往运笔于一事一物的细部，在不引人注意的地方狠下功夫，却常常能够出奇制胜，发人深省，让人在细微处领会"大义"，从平凡中发现不平凡。

其次，角度"小"。"以小知大"的"小"可能是指散文的写作角度。散文以细小、平凡来展示宏大、奇绝，从局部、表象来表现整体与实质。

第四，领会意境并借鉴散文写法。散文的"意"是指作者在文中流露出的思想感情。"意境"既是外在的景物与内在情绪的协调，也是外在的景象和作者的情绪的完全联合，还是一个将作者的情绪完全融入的艺术场景。

所有写景状物的词语、句子均可以表达作者的思想情感，同时所有的景物均可以使作者产生情绪的变化。意境是"景中全是情，情具象而为景"。鉴赏者在理解散文的意境时，不仅不可以将情和景完全剥离，而且还需要经常结合自己的实际生活和运用丰富的想象力与感受力，以诵读、想象、领悟意境美。

散文中有形的"景"，是传递情感的根基与介质。想要感受散文的意境美，就需要分析写景手法。阅读散文先要主动运用自己的五感去感受文章中描写的景物的形态、颜色、声音、气息等，观察研究作者是如何根据不同的时节、时刻还有景色与景物的特色展开写作的；然后，还要观察景物的立足点以及描写景物的顺序，另外，应该了解描写景物使用的修辞手法，景物要描写得生动形象、绘声绘色，就要尽量使用比较生动灵活的词语再配合适合的修辞手法；最后在描写景物时，可以引用一些历史资料、名言警句、神话典故以及寓言故事等。

阅读散文就是探求散文的美、高、雅、妙。要想提高鉴散文阅读的能力，需要潜心研读，持之以恒，只有这样，阅读水平才会不断地提高。

4. 实用文体

语文学习的主要指向是学习语言文字的实践与运用，而语用最基本的因素自然是"实用"。语言文字的运用能力是在实践中学习与提升的。作为教师，指向语用的有效做法，应该是创设现实的情景，并组织每位学生参与到有效的语文实践中去。

（1）实用文体的类型。就大范围而言，实用性文本可分为以下两大类：第一，应用文。应用文是日常工作和社交中常用的文体。第二，非连续性文本。非连续性文本是以不同的方式组织材料，需要读者采用不同的策略，进入文本并获取信息，建构意义。相对于以句子和段落等组成的连续性文本而言的阅读材料，多是以表单构成文本，依据格式的不同，一般包括单一的图与表等文本。

（2）实用文体的阅读策略

第一，应用文的阅读策略。应用文重在实用，是为解决日常生活需要服务的。因此，培养学生准确获取信息、明确写作意图的能力，是实用文教学的首要目标。写作意图是文章的统帅，在文章的构建中起着主导的作用。一篇应用文的材料如何取舍、结构如何安排、语言如何运用、表达方式如何选择，都要根据写作的意图来考虑。针对应用类文本的文本特征，可以从筛选信息、理解信息和运用信息三个层面来把握文章的写作意图。首先，引导学生快速阅读文本，准确筛选信息，初步感知文章；其次，细读文本，揣摩重要语句，深入理解重点信息，把握文章主旨和作者情感，进而运用文中信息，分析解决生活中出现的类似问题，引发学生对生活的反思。

第二，非连续性文本的阅读策略。在教材中，有些文章说明性强、比较抽象，但在教材中这类文章往往以文字的形式呈现，学生理解有难度，需要配合补充性图片来加强对语言文字的理解。

5. 说明文体

说明文文章不长，但层次清晰，结构完整，以说清楚、讲明白为原则，所以在遣词造句中极少用渲染、铺陈的手法，往往采取简洁明确的方法。同时，说明文中会有不少表示时间、空间、数量、范围、程度、特征、性质、程序等的词语或句子，其内容均为经过现场勘察或反复验证的结果，凡是涉及的数据都是准确无误的。当然，介绍科学知识的说明文，都会特别注重科学术语的准确使用，这就体现了说明文语言的规范性特点。

语文教学在发展语言能力的同时，发展思维能力，激发想象力和创造潜能。学习科学的思想方法，逐步养成实事求是、崇尚真知的科学态度。说明文是说明事物或事理的。因此，在教学说明文时，不仅要引导学生在探究科学知识的过程中，学习科学的思想方法，还要逐步养成求真的科学态度。通过说明文的教学，拓宽学生的认识领域，提高他们对客观事物或事理的认识能力以及分析综合的逻辑思维能力。不论课文所反映的是哪一方面的事物、事理或科学知识，都要帮助学生从认识事物的广度和深度上开阔眼界，使他们的认识领域为之拓宽。此外，教师在教学过程中应培养学生具有独立阅读简单说明文的能力，即掌握阅读说明文的方式，能够通过认真阅读准确地获取信息，把握说明的要点。

（三）语文整本书的阅读教学

1. 高中语文整本书阅读教学模式

作为高中语文教育者，在语文教学尤其是阅读教学中，不能仅仅采用以往的传统教学模式，而是要注重"整本书"的语文阅读模式的改变和创新，增加学生对语文的阅读兴趣，提高学生整体阅读、系统思考的能力，以此全面提高高中生的语文素养，促进其综合能力的全面发展。高中语文整本书阅读的教学模式具体如下：

（1）创造氛围，提高兴趣。对于语文教学而言，只有不断激发学生的学习兴趣，才能将语文教学落到实处、落到深处。"尤其是对于高中语文的整本书阅读教学而言，阅读教学更要激发学生对于阅读的兴趣，才能使学生的阅读能力、阅读水平得到质的提升。"[①]但是，由于高中学生正处于一个全面学习的阶段，其可供自我支配的时间较少，阅读时间也会被一再压缩，而且网络等的出现，也会导致学生的语文阅读受到阻碍。在这种情况下，如果要提高高中生的阅读能力，就要培养学生对语文阅读的兴趣，只有使其真正喜爱语文阅读，才能进行课后整本书的阅读。因此，教师需要对学生积极宣扬语文阅读的重要作用。

拥有良好的阅读习惯能够为高中生指引人生方向，对其日后的长远发展将大有裨益。教师可以建立读书角鼓励学生进行课后阅读，也可以定期举办一些读书分享会，帮助学生进行读书心得的交流讨论，通过在班级营造良好的阅读氛围，来提高学生对语文阅读的兴趣，从而发挥其主观能动性，自发地进行语文整本书的阅读。

（2）强调动机，加强约束。对于高中生而言，以一定的动机来驱动学生进行学习往往会有较好的效果。但是，教师需要明确，这样的动机必须是来自学生本身自发产生的内生

---

① 李清友. 高中整本书阅读教学模式研究 [J]. 文学教育（中），2020（11）：68.

驱动力，才会对其目标的达成有良好的效果。因此，在对高中生进行阅读教学时，可以使其明确和强化动机，来实现自我满足和自我升华，从而真正地去喜爱阅读，热爱阅读。首先，教师可以让学生自我选择图书，在满足其阅读兴趣的基础上，提高其阅读量和阅读时间；其次，教师也需要让学生明确阅读能够为其长远发展所带来的益处，在强化阅读意义的前提下让学生积极参与和阅读相关的活动，以此来增强学生的阅读意识。

此外，"整本书"的阅读教学模式强调的是对于一本书的整体阅读，通过对书籍的整体阅读，形成对该书的全面理解和深切认知。但是由于高中生的自制能力不强，各种诱惑因素又较多，所以会导致高中生在阅读的时候很容易受其他因素的影响，难以持之以恒地读完一本书。因此，教师需要在强化学生阅读动机的基础上，加强对学生的约束力，防止学生在阅读的时候出现半途而废的现象，帮助学生培养其对阅读的耐心和信心。

（3）合理选择，搭建小组。教师在进行阅读教学时，需要明确自己的教学目标，这样才能有效地帮助学生提高自己的语文阅读水平。首先，教师需要明确的是，在进行整本书阅读教学时，一定要对书目进行选择，并不是所有的书籍都适合高中生进行整本书的阅读。对于有的书而言，高中生只需要通过阅读其序言、目录等内容来对整本书有一个大体上的了解即可，这样既能够节约阅读的时间成本，又能够锻炼学生的逻辑思维能力。同时，对于一些较为高深的图书而言，由于其理论性较强，而高中生的理解能力和社会阅历都还不够，也不需要其进行整本书的阅读。因此，教师需要对图书进行适当的选择，如一些情节性较强，同时具有一定逻辑性的书籍比较符合高中生的阅读层次，这样既能帮助其培养对语言文字的感知能力，同时又具有趣味性，便于进行整本书的阅读。

同时，教师还可以通过建立一个小组来进行阅读成果的检验。通过小组内部的讨论，学生们可以知道其他同学对于这部分内容的见解和看法，既能够弥补自身思考深度和广度的不足，又能锻炼自身的言语表达能力和人际交往能力，促进其综合素养的全面提高。

（4）提升修养，改变态度。语文学习能力不同于其他学科，它与个人的逻辑思维能力、言语表达能力、独立思考能力、情感判断能力等都有紧密联系，所以语文学习对个人的成长发展具有重要的影响。因此，高中语文就需要具有综合素养和多种能力的教师，但是，部分语文教师的教学素质不高，文学修养也不够。在进行整本书的阅读教学时，往往会出现自己没有通读全书的现象，这样的教师无法对学生进行良好的语文阅读教学指导。因此，教师需要改变自己的教学态度，以认真负责的态度进行课前备课，以积极主动的态度进行课堂教学，以任劳任怨的态度进行课后反馈。同时，教师还需要提高自身的文学素养和教学技能，需要经常阅读名家著作，提高自身的文学内涵和素养。教师还应当积极学习其他优秀教师的教学策略，以弥补自身在教学方式、教学手段上的不足。

除此以外，教师需要明白在高中生的语文整本书阅读教学中，教师只是作为引导者的形象出现，其目的是使学生获得良好的阅读体验，提高语文学习技能。教师首先需要明确，教学的主体是学生，受众也是学生，只有了解学生需要怎样的语文阅读，才能及时调整教学策略，为其提供适合的、有效的语文阅读教学模式。因此，教师需要积极地了解学生的所思所想，以学生的教学需求来作为调整方针，制定符合学生现阶段社会需求和心理需求的阅读教学。

随着时代的发展，传统的高中阅读教学模式已经存在着一些困境和问题，如何进行整本书的阅读教学，已经成为当代语文教育工作者所思考的问题。因此，教师需要为学生营造良好的阅读氛围，以提高其阅读兴趣，在明确阅读动机的基础上对其进行自我约束。同时，教师需要合理选择学生进行整本书阅读的图书书目，以防止学生浪费不必要的阅读时间。除此之外，教师还需要提高自身的教学素养和文学内涵，不断学习语文阅读的教学技巧，同时以学生需求为主题调整教学策略和教学手段，以此提高学生的语文阅读能力和综合素养。

2. 语文课程视域下的整本书阅读

（1）整本书的名著阅读。理解名著概念应该把握四个要点：第一，名著具有深大厚重的特点，其刻画的主题、传达的思想往往不容易被理解；第二，名著具有时代特征，提及了人类生存的基本问题，是生命的张力的体现；第三，名著具有无穷的魅力，能够战胜时间、超越国界，深受世界读者的欢迎；第四，名著是智慧之源，读者通过阅读名著能够获得丰富的生命体验，能够启迪心灵、增长智慧。

"名著阅读是指阅读的对象为经典的著作，它与整本书阅读有很大程度的关联性。"[①]例如，阅读的对象都是整本的书，但两者之间存在差异，属于包含与被包含的关系，整本书阅读范围大于名著阅读。名著读本历来是教材选文的重要素材，现行的普通高中人教版教材中就有《林黛玉进贾府》《林教头风雪山神庙》《鸿门宴》等选自经典名著中的段落。除此之外，人教版专门在必修教材中设立了"名著导读"这一板块来指导学生的名著阅读。但是，目前在学习方式上，更多的还是单篇短章的精读，距离整本书阅读相去甚远。名著是具有高度典范性和文化蕴含性的作品，整本书阅读以名著读本为对象，能够在一定程度上开阔学生的眼界，提高学生的审美境界，是书目选择的必然选项。但名著读本难免会因为难度较大而使学生出现无从下手的情况，因此，整本书阅读不妨大胆选用一些当代深受学生欢迎的、涵盖各个类别的优秀作品，这样不仅可以扩大学生的阅读面，开阔学生视野，还可以提升学生学习兴趣，使学生养成阅读的习惯。

整本书阅读因其内容较多，不适宜全部放在课堂进行，将一些阅读活动放在课下进行

---

① 钟翠婷. 高中语文"整本书阅读"教学研究［M］. 长春：吉林人民出版社，2019：61.

也是必然的选择，但这与一般的课外阅读有着本质的区别。整本书阅读下的课外阅读是课堂的延伸。首先，整本书阅读有教师的指导。目前，高中学生的阅读意愿是非常高的，要想提高阅读质量，就需要教师在阅读方面予以指导，使他们了解"读什么""怎么读"的问题。其次，整本书阅读是课堂的一部分，教师对整本书阅读在课下进行的部分有相应的规定，如阅读内容、阅读时间等，一方面使学生在学习的时候不至于失去目标；另一方面也使教师可以对学生的学习状态有所掌握。最后，单纯地由学生决定的课外阅读，其阅读的书籍往往趋向于内容比较简单的休闲读物，不仅会占用大量时间，且难以进入深度阅读。而在教师指导下，学生阅读一些难度较大但是有益处的书籍，可以显著提升自己的阅读能力。下面以名著导读为例进行探讨。

名著导读，通俗而言，就是对于名著的指导阅读，即教育者指导受教育者阅读名著。因此，在语文学科教学中的名著导读就是指学生在教师的指导下阅读名著。名著导读，重在教师的"导"和学生的"读"这两个字。教师的这个"导"是指导，是引导，亦是教导；学生的"读"不仅是阅读文本，亦是读出理解和感悟，读出鉴赏和评价。总而言之，名著导读并非完全是教师或学生单方面就可解决的事情，名著导读是教师的指导和学生的阅读相统一的教学活动，教师的指导应伴随着学生名著阅读过程的始终。

第一，名著导读下的整本书阅读重点。高中语文名著导读教学是在一定目的规范下，教师的教、学生的学相统一的教学活动。同样的，在这个活动中，学生在教师有计划地组织与引导下能动地学习，掌握一定的知识和技能，形成良好的品行和美感，获得个性发展。但是，高中语文名著导读教学中教师教、学生学的具体内容；学生需要掌握的知识和技能；学生身心获得何种发展；学生形成怎样的品行与美感；等等。这是在给高中语文名著导读教学下定义时所必须讨论研究的重点和核心。

一是教师教、学生学的主要内容。在高中语文学科教学中名著导读教学的内容来源和依据主要包括四个方面：一是必修教材的名著导读模块；二是出现在语文教材教辅中的名著节选或者改编；三是部分选修教材的内容，尤其是选修教材《小说与戏剧》和《文化论著研读》中的名著相关内容；四是《普通高中语文课程标准（实验）》推荐的高中生名著阅读书目。其中，导读模块是引线，节选改编是基础，选修以及《普通高中语文课程标准（实验）》是辐射。

二是学生需要掌握的知识和技能。高中语文名著导读教学中学生需要掌握的知识主要包括三种：首先，回答名著关于作者、内容等文学常识在内的陈述性知识。陈述性知识是高中语文名著导读教学中智育的主要内容。其次，回答名著怎么读、怎么学的程序性知识问题。按程序性知识的性质和特点，可以把程序性知识分为智慧技能、认知策略和动作技能三类。在高中语文名著导读教学中，需要学生掌握的动作技能相对较少，需要学生学习和掌握的主要是智慧技能和认知策略。其中，智慧技能主要有分析概括、理解记忆等，认知策略包括对时间和资源的管理以及对名著阅读进程的调节和控制等。最后，身心发展，知善恶、辨美丑、树道德。高中生正处于青春期的结束、青年期的开端，正是身心发展成熟的关键时期。名著给学生打开了一个新的世界，这里虚实真假、善恶美丑都能够启迪学生去思考、去探索、去行动，促进其个体的个性化和社会化进程。

总而言之，高中语文名著导读教学就是师生以高中语文必修教材的名著导读模块、名著教学篇目以及部分选修教材内容为基础教学内容进行的系统的科学的名著阅读和学习的教学活动。在这个教学活动中，教师运用各种教学方法和手段来组织和实施高中语文名著导读教学，使学生获得相关的语文应用、探究、审美及其他方面的知识与技能，来促进其身心发展，尤其是个性和人格发展。

第二，名著导读下的整本书阅读（表6-4）。

表6-4　名著导读下的整本书阅读

类别	内容
更新高中语文名著导读教学观念	学生阅读名著不仅对于学生语文素养的提高具有积极作用，还对学生身心的全面发展具有重要意义。学生阅读名著绝不是在浪费时间，名著阅读对于学生语文成绩的提高具有积极意义，且妥善地规划名著阅读时间，名著阅读与学生日常学习任务的完成并不构成矛盾，只要做好规划，阅读名著与语文学习可以相辅相成。因此，开展高中语文名著导读教学对学生的成长具有重要意义，教师应该更加重视名著导读教学，让名著导读教学落到实处，让学生在阅读名著中得到心灵与精神的成长
教师教学角色的转换	长期以来，教师在教学中担任的都是知识的传授者的角色，传道、授业、解惑。所以，语文课堂上总是充满了教师孜孜不倦的讲解和教诲，即使是名著导读课堂也不例外。但是，现代教育观强调教师是学生学习的促进者，教师不再主要是传授知识，而是帮助学生去发现、组织和管理知识，引导他们而非塑造他们。因此，教师要转变角色，从知识的传授者成为学生学习的促进者。在高中语文名著导读教学中，教师也需要更新教学观念，转换教师角色。在过去的高中语文名著导读教学中，很多教师是单纯地传授给学生一些关于名著的知识，如名著作者、主题思想、精华内容等，旨在增加学生的知识。而现代教育观要求教师尊重学生的主体地位，引领学生自己一步步地阅读、去发现，在阅读名著的过程中构建自己对于名著的认识，旨在发展学生的能力与个性

类别	内容
学生学习观念的更新	学生是学习的主体，学生要学会学习、学会阅读、学会自我发展。在名著导读教学中，不仅教师需要尊重学生学习的主体地位，不过多干涉学生的阅读和学习。学生也要清楚地知道自己是名著阅读和学习的主体，自觉激励自己跟紧教师的指导坚持阅读，尝试和选择适合自己的学习方法，在与他人对话交流中不断印证和扩大自己的阅读收获，真正让自己获得发展，学有所得
完善高中语文名著导读教学设计	高中语文名著导读教学设计是教学设计原理在高中语文名著导读教学领域的运用，因此，高中语文名著导读教学设计是一个系统化规划高中语文名著导读教学的过程，主要包括确立教学目标、安排教学内容、选择教学方法、设计教学过程、组织教学评价等方面。需要特别强调的一点是，高中语文名著导读教学由于其自身的阶段性、长期性和复杂性等问题，往往需要不止一个教学设计，最好在每个教学阶段都建构一个具体的教学设计。对高中生名著阅读相关学习情况的分析是高中语文名著导读教学开展的前提和基础，只有在深入了解了学生对于名著的学习情况，如学习态度与动机、学习方式及方法、学习困惑与收获等方面，才能将名著导读教学设计得更为科学，更贴切学生的具体实际。另外，教学目标是教学活动的出发点和归宿，是教师安排教学内容、选择教学方法、展开教学过程、组织教学评价的依据，在教学活动中发挥着导向、激励、评价等多种作用，高中语文名著导读教学目标的设计是高中语文名著导读教学设计的重中之重
将名著之"名"传给学生，激发其阅读兴趣	高中语文名著导读教学始于语文教师给学生做的名著推荐。名著推荐，是指教师把某一名著推荐给学生，简单阐释名著之所以成为名著的缘由，让学生对其产生阅读兴趣，指导学生去阅读名著。教师要在名著导读教学的开始就给学生做一个正式的名著推荐，让学生清楚名著的意义、读名著的原因、怎么读名著等基本问题

类别	内容
组织学生进行自主阅读，将名著"悦"读进行到底	学生的自主阅读是高中语文名著导读教学继教师名著推荐之后的第二步，也是最重要的一步，学生的名著阅读居于高中语文名著导读教学的核心，它既是教师名著推荐的反馈，同时又对此后的师生名著批评鉴赏和对话交流的开展起着基础和决定作用。自主阅读，是指学生自主、主动、积极地去阅读名著。读十遍名著简介、看百个名著评论，都比不上真正通读名著一遍的效果好，学生自主阅读名著是学生对名著第一手资料建立的过程，具有十分重要的意义。所谓自主阅读，不仅是指学生要自己主动地阅读，还包括教师不要过多干涉，要给学生阅读的自由。因此，名著阅读，是阅读，更是"悦"读，强调学生作为学习和阅读的主体的感受与体验。高中语文名著导读教学的学生自主阅读环节强调，在阅读活动中，学生是阅读的主体，教师要调动学生的主观能动性，创造条件、平台和氛围，让学生乐于阅读、享受阅读
制订名著阅读计划，引导学生阅读进程	教师要带领学生事先制订好详细明确、切实可行的名著阅读规划，然后按照计划一步一步地实行，这样才能将学生的名著阅读行动落到实处。需要指出的一点是，教师只是提供一定的阅读建议，读与不读、读多读少，要由学生根据自己的实际情况来决定

（2）整本书的文本细读。文本细读是立足于文本本身，从题目、语言、结构、辅助材料和阅读中产生的疑问等方面入手，多措并举，充分理解课文内容。而文本细读教学就是把文本细读置于语文教学情境下，是教师根据学情和文本特点，指导学生运用文本细读的科学方法进行阅读实践，达到充分理解文本的目的。长期以来，阅读教学注重介绍背景、认识作者、划分段落、总结中心、把握写作特点，随着课程改革新理念的提出，语文教师开始注重让学生对课文总体感知，引导学生合作探究，并运用课程资源，对文本内容加以拓展。文本细读教学则是教师在对文本深思熟虑、了如指掌的基础上，引导学生对文本从题目到字词句段加以品味、琢磨，全面深入地理解文本。文本细读教学很好地填补了长期以来语文教学的不足，有利于提高阅读教学的效率。文本细读下整本书阅读的策略具体如下：

第一，师生要增强对文本细读。教师在教学中起主导作用，应在平时教学中引导学生对文本细读的关注。首先，教师自己要重视文本细读；其次，要对学生明确提出细读文本的要求。在文本细读教学中，教师可以示范如何细读文本，如紧扣题目进行语意联想、语法分析等来激发学生思考兴趣，走进文本；教师在课堂上有感情诵读课文，让学生去品味文本的内涵；教师细致地解剖重点词句的含义以及所表达的中心思想；对相似课文的比较阅读；有些课文需要结合背景资料来进行讲解，教师需要推荐相关资料，延伸与文本有关的知识，让学生做好读书笔记。在教师言传身教的过程中，学生逐渐增强文本细读的认识。

第二，教师要增强自身细读文本的能力。由于主客观的原因，平时教师对文本细读教学的重视程度有待提高。虽然教学任务繁重，但是教师仍然需要抽出时间精力去进行文本细读教学。一方面，教师应当怀着教育理想，努力成长为一名学术研究型教师。为此，教师要加强自身的理论修养，阅读与文本细读相关的理论书籍，掌握一定的文本细读的理论和方法。另一方面，教师们可以加强相互间的交流，通过集体备课、自身的教学经验总结、教师间互相听课、向优秀教师请教等方式，不断提升自身文本细读教学的技能。教师不仅自己要会细读，还能引导学生进行细读，教会学生掌握文本细读的方法，养成文本细读的习惯。

第三，了解学情，发挥学生的主体能动作用。教师若想进行有效的文本细读教学，需要对班上学生的阅读情况有所掌握。教师不仅要认真备教材，也要认真备学生，知道怎样的教学内容较容易被学生所掌握，怎样的教学方法能够被学生学以致用。在了解学生的基础上，教师开展文本细读教学，才能切实有效地引导学生去认真细读文本，在细读文本的过程中去提高学生的阅读能力。教师需要了解学生情况，对于学生已经懂的知识不要重复，有选择地对某些课文进行细读。同时，要对文科班和理科班的学生的语文水平有所了解，因材施教，因时制宜。在课堂上，教师要给学生更多的阅读、思考的时间，让更多学生参与师生互动。教师的教学对象是一群有着高考压力的高中生，一方面，文本细读教学过程中对内容的讲解要联系现实，尊重学生的观点和感受，贴近学生的实际理解能力，不空谈教学方法；另一方面，教师多站在学生的角度，引导学生自己发现问题，教师可进行方法上的指导，让学生自行解决问题，从而提高学生对文本进行细读的主动性和积极性。

第四，教师要注重多种细读方法的综合运用。教师常用的细读教学方法就是引导学生揣摩重点的字词句，毫无疑问，这是文本细读的重要方法之一。同时，教师还要引导学生细读文本的题目、文本的框架结构、文本故事情节、教材的助读系统及练习系统等，根据课文的体裁特点、作者的写作特色等，结合教学目标和课文的重难点，综合应用多种细读方法，引导学生准确地把握文章的主旨，习得相应的知识、能力，获得相应的情感体验。

第五，教师要注重培养学生的探究意识。在课堂教学中，教师要发挥学生的主动性和积极性，先让学生自己去理解文本，不会的再讲；教师要引导学生读出文本深层的内容，进行随堂提问，让学生认真思考；对于学生的回答，教师要专注、耐心地听，有时能给出一些提示；重视每一位学生的提问，并给予讲解；问题设计也要深入浅出。教师在提问的时候，学生的回答情况可能不一样，有些学生能准确回答出，有些学生不会回答或不敢回答。教师针对不同的学生情况要区别对待，回答好的学生要表示肯定，不会回答的学生要给出一些提示让他思考，对于那些不敢发言的学生要进行鼓励，开始的时候不要求他们的答案正确与否，重要的是鼓励他们能够表达出来。以后再提出具体要求，如语言的正确表达、回答的逻辑等。教师在教学中善于引导学生进入文本，深入理解文本，培养学生敢于质疑的精神和探索的勇气。

二、高中语文阅读活力的激发

语文阅读是高中语文学习的重要组成部分，是学生开阔视野、培养语感和思维能力的重要手段。如何充分发挥阅读课的教学功能，使学生养成良好的阅读习惯是课型模式探讨中值得注意的问题。高中语文阅读课型的基本任务包括：进行各类精读课文的阅读分析教学；训练学生朗读、背读、默读的方法和技能；教给学生精读、略读、速读和浏览的方法；训练学生学习文体阅读的不同方法；在词句理解、文意把握、要点概括、内容探究、作品感受等方面训练学生的方法与能力；在积累、理解、分析、揣摩、品味、赏析、联想、想象、探究、创造等方面教给学生方法和技能；教给学生查找、搜集、分析、提炼和整理资料的方法；培养学生的阅读兴趣，点拨学生多角度、有创意阅读的方法；引导学生从阅读中获得对自然、社会、人生的有益启示，引导学生深化自己的情感体验；培养学生正确的、科学的思维习惯和思维方式，激发学生的创造潜能；对学生进行人文熏陶，提高学生的文化品位和审美情趣。

高中语文教师在教学中激发学生的阅读活力，是为了增强学生的阅读体验，让学生积极参与到阅读活动中，了解阅读的特点，把握阅读的技巧。教师应结合学生的阅读现状对学生进行指导，从不同的角度来帮助学生，让学生看到阅读方法的多样性，从而更有底气地参与阅读。

（一）激发学生探索生活的活力

生活，是学生参与阅读活动的基础，学生只有围绕生活来理解阅读，才能发现阅读的真谛，才能养成积极向上的阅读态度，主动走入阅读中去。要在教学中激发学生的阅读活力，高中语文教师可以通过为学生拾取生活的碎片来激发学生探索阅读中的生活元素的活力。这样学生在生活碎片的带领下，可以发现阅读中的生活元素，知道怎样结合自己的现实经历来理解阅读，增进对阅读的了解。教师在教学中可以借助生活材料、生活话题等来唤起学生参与的好奇心，让学生在表达中体会阅读的情感，在共鸣中掌握阅读的内涵。

例如，在教学《故都的秋》时，为了让学生了解作者眼中秋的韵味，感受散文的意境，培养学生对阅读的兴趣，在教学中教师借助多媒体幻灯片课件为学生展示了秋天不同景象的图片，让学生观察并感受秋，并让学生结合自己的生活经历，分享一下自己对秋的认识。学生观看幻灯片课件后，看到了秋天的不同"姿态"，感受到了秋多彩的一面，回想自己的生活经历，分享了自己在秋天的趣事。其中一位学生描述了自己在秋天雨夜回家的经历，认为疏疏落落的雨滴让自己变得更加孤独，环境对人的心情会有一定的影响。其他学生表示认可，认为在阅读的时候分析文章中对景色的描写，可以在一定程度上感受到作者的心情。带着这样的认识，学生投身到了阅读中，对作者郁达夫借秋天想要抒发的情感进行了分析，由此对阅读也有了更深入的探索动力。

（二）激发学生思考问题的活力

问题，让学生的阅读变得曲折起来，给学生的学习带来了阻力，也使学生需要动脑思考的环节增多了。在这样的背景下，学生开展问题的探索，可以加深对阅读的印象，知道自己阅读中还应解决哪些问题，从而对自身的阅读情况有一个系统的认识，为构建阅读思维做好准备。"教师在为学生设置问题的时候，还应考虑到学生的学习状态、对知识点的掌握情况等，尽量为学生设置符合教学要求的问题，避免因超出学生理解范围而使学生丧失探索问题的动力①。"

例如，在学习《庖丁解牛》时，为了使学生理解庖丁解牛的道理，让学生感受到语言的精彩，在教学中教师结合课文对学生进行了提问，庖丁解牛的技艺如此高超，并提出相关问题，学生在问题的推动下，对课文进行了较深层次的思考，知道了课文通过庖丁解牛的案例，阐明了遵循事物的客观规律，在实践中不断积累经验，才能游刃有余的道理。学生认可了庄子的理念，在思考和总结中给出了问题的答案。

（三）激发学生体验实践的活力

实践，让学生对阅读的学习进入了更高的层次，帮助学生找出了自己日常学习中忽略的地方，巩固了课堂所学知识，掌握了阅读的技巧，了解了阅读中需要注意的事项。在实践中，帮助学生细化对知识点的分析，深入挖掘知识，做到理解透彻，灵活应用。教师可以为学生设置形式灵活的实践活动，吸引学生的参与，让学生在实践中大胆展示自己的优势，为大家树立榜样，从而营造勇于实践的学习氛围。

例如，在学习《窦娥冤》时，为了让学生通过窦娥的故事来品味作者的创作主旨，让学生在理解的基础上把握阅读的内涵，并对其进行创新，教师在教学中将学生分成了不同

---

① 郭泗存. 高中语文教学中学生阅读活力的激发［J］. 天津教育，2021（23）：184.

的小组，鼓励学生进行舞台表演活动，使学生在表演中展示剧中出现的人物的形象特点，完成对故事的梳理。学生对舞台表演都十分感兴趣，纷纷表示想要扮演剧中的主要人物。学生在分组后，通过抓阄的方式确定了自己的角色，然后对课文进行了翻译和多次阅读，总结了人物的性格。同时，还在小组中就表演的细节进行了讨论，发表了自己的意见，因此促进了同学彼此之间的沟通。在实际表演中，学生通过动作、语言的变化，凸显了窦娥的冤屈，揭示了文章主题，增添了课文阅读的魅力，提高了自己的阅读水平。

第二节　高中语文阅读教学实施与优化方式

新课改要求教师优化阅读教学的方法，在阅读教学中展现出语文的魅力，让学生爱上阅读，养成阅读的习惯。但是，目前高中生普遍对阅读学习缺乏兴趣，课堂教学的质量并不理想，为了改善阅读教学的现状，需要教师创新阅读教学手段，调整与优化阅读教学环节，以促进语文教学目标的实现。

一、注重新意，优化语文课堂导入环节

"导入"既是课堂教学初始环节，也是一种思想，有效地导入可以吸引学生注意力，促进学生产生渴望继续学习的作用。因此，教师应以导入环节的优化为第一要务，能够优化课堂导入的教学方法，根据学生的学习特点，结合具体教学内容与教学目标，创造出具备特色的、具有新意的导入情境，提升语文阅读课堂的吸引力，激活学生的兴奋点，让高中生对文本阅读产生努力探索的意愿。

例如，在《装在套子里的人》一课的导入中，教师可以抓住这篇文章中主人公的滑稽与夸张的外形特征，设计别出心裁的导入方式——当上课铃声响起之后，学生只看见老师穿着一件非常长的黑色大衣，大衣的领子立起，将脖子遮挡得严严实实，头上戴着一顶黑色的帽子，帽子不仅遮挡住了头顶，还盖上了耳朵、额头，黑色的墨镜下看不见眼睛，手拿一把黑色的打开的雨伞，胳膊下夹着书本，低着头口中念念有词地说着："这节课不知道能不能顺利地度过，可千万别出什么乱子……"学生们看到老师的这种装扮、神态、动作，不禁大笑起来。教师的这种别出心裁的导入方式，可以让学生在文本阅读之前，对这样的一个人物形象以及发生在他身上的故事产生强烈的好奇心，教师借助表演的方式，将故事中的人物生动形象地展现在学生的眼前，活跃了课堂的教学氛围。在表演之后教师引出本节课的教学主题："那么，今天我们学习的内容就是有关这样一个人的故事，他总是将自己装在'套子'里，在他的身上还会发生哪些有趣的或荒诞的故事呢？让我们一起通

过阅读去探索吧!"

二、以生为本,优化语文文本细读教学

"文本细读是指认真、精细地阅读、解读文本内容,是建立在对文本内容充分了解的基础上的深度剖析,在文本细读的教学中,要求读者能够结合自身的生活亲历、情感经验进入到文本故事的世界之中,与作者实现情感的互动、心灵的碰撞①。"文本的含义是多层面的,对于文本的理解也是多样化的,对此,需要教师优化文本细读的教学方式,关注学生的学习主体性,尊重学生的个性理解,能够通过有效地指导与引领,让高中生在文本细读中获得个性化的讲解,学会独立解读文本,在亲身参与的文本细读学习活动中,感受到阅读的魅力。

例如,在《林黛玉进贾府》一课的教学中,当贾母询问黛玉是否读过书的时候,黛玉的回答是"只刚念了'四书'",而在宝玉问出相同的问题时,黛玉的回答却是"不曾读,只上了一年学,些须认得几个字",对此教师可以提出问题:"为什么黛玉在贾母、宝玉询问自己是否读过书的时候,给出的回答不同?"由此促使学生对文本的深度思考,为学生创造出独立思考的机会与空间。黛玉前后两个差异巨大的回答,是这篇文章解读中的一个关键点,学生们可以循着这个关键点去寻找答案,追寻前因后果,发现黛玉的巨大转变是因为贾母对女孩子读书持有反对意见,贾母表示:"读的是什么书,不过是认得两个字,不是睁眼的瞎子罢了",瞬间让寄人篱下的黛玉明白了外祖母的态度。通过对这个关键点的解读,可以让学生看到黛玉的聪慧,也体会到了黛玉在寄人篱下生活时的小心翼翼、处处谨慎。

又如,在《鸿门宴》一课的教学中,为了培养学生的个性化阅读能力,教师可以提出一些具有争议点的问题:①项伯夜走见张良、刘邦,为刘邦开脱,难道项羽就一点也没有怀疑项伯的动机吗?②即便沛公走了小路,达到席间也至少要 1~2 个小时,这段时间项羽岂能干等刘邦而不追问?鼓励学生在文本阅读之后,提出自己的讲解与看法,以此培养学生敢于表达、大胆假设、勇于质疑的学习习惯,获得独特的阅读学习体验,从而促使高中生在语文阅读学习中成为一个具备独立思考能力的人。

三、增加阅读宽度,适当地拓展与延伸

活用"教材"是新课改下对教师提出的更高标准要求,与小学、初中阶段的学习相比,高中生的思维能力发展已经达到了一定的程度,无论是语文教学还是学生自身的文化

---

① 蒋红卫. 论高中阅读教学的优化策略［J］. 中学语文,2022(9):29.

积累，都需要高中生接触到更多的阅读内容。但是，教材在编写的过程中因为受到诸多因素的影响，纳入的阅读素材始终是有限的，对此，需要教师立足于教材中的文本内容，适当地拓展学生的阅读视野，增加高中生的阅读宽度，让高中生在课内与课外结合的阅读学习中，获得更高层次的发展。

第一，教师可以利用作品的写作背景，拓展学生的阅读空间。有时写作背景的价值远远超出作品的本身，因此在高中语文阅读教学中，教师不能仅仅局限于教材中给出的文本内容，还要引领学生从多种途径搜集作品写作背景的知识，了解作品背后的时代发展、朝代更替或美好的故事，以增加学生的知识储备，同时也有助于加深学生对文本内涵的理解与体会。例如，在《六国论》一课的教学中，教师可以给学生布置相关资料搜集的任务，学生在写作背景资料的搜集中可以了解到宋朝的时代特点以及在那个时代出现的英雄，如辛弃疾、岳飞等英雄人物都是在宋朝出现的人物，在学习辛弃疾、岳飞的诗词时，将会有更加深刻的体会，也有助于学生攻克《六国论》中的学习重难点。

第二，教师可以利用文本之间的关联，拓展与延伸阅读空间，如在学习了《林黛玉进贾府》之后，要求学生在课下阅读"四大名著"之一的《红楼梦》，在《林教头风雪山神庙》的学习之后，可以让学生继续阅读《水浒传》，让学生在名著作品的阅读中，增加对我国古代文学作品的了解程度。阅读整本书之后，可以增加学生对故事中每一个人物、每一个故事情节安排的分析与理解程度，不仅拓展了阅读的空间，也增加了学生的文学知识储备。

四、重在点睛，合理优化语文课堂总结

部分教师认为只要按照教学目标完成阅读内容的讲解，就完成了本节课的教学任务了，实际上却并非如此，"课堂总结"同样是语文阅读教学中不可或缺的环节。有效的课堂总结就可能起到点睛的作用，可以升华课堂教学的效果，起到拨开迷雾、诱发兴趣的作用，帮助学生总结出学习方法，获得思想与情感体验的升华，达到意犹未尽、余音绕梁的效果。

以《荷塘月色》一课的教学为例。这是一篇借景抒情的文章，作者通过在荷塘走一遭的描述，表达了自己享受宁静之美，并因荷塘而感悟人生，体物畅怀的深厚意蕴。这节课的教学目标是让学生掌握作者的修辞手法运用描述，能够通过文本的阅读，了解到作者表达的淡淡忧愁、淡淡的喜悦，那么结合本节课的教学内容以及教学目标，教师可以这样进行课堂总结："在《荷塘月色》中朱自清先生描述了夜游的动机、联想，从出门、观景到回家的线索十分地清晰，语言运用唯美，景色描写传神，运用了比喻、通感、拟人、衬托等修辞手法，体现出了荷塘月色的一种朦胧之美，表现出了作者的那份淡淡的忧愁与淡淡

的喜悦。"在课堂总结中，教师点明了作者的写作出发点、文章叙述线索、语言运用妙处、运用的修辞手法、表达的情感等，帮助学生在课堂总结中明确了知识内容，有助于教学目标的实现，起到明确主题，帮助学生建立清晰的、明确的知识体系的作用。

总而言之，阅读教学的优化是提升高中语文教学质量与效率的需求，特别是在新课改的背景下，高中语文教师应更加重视教学方法的改革与创新，能够结合课程标准的要求、语文阅读教学的特点以及学情，优化阅读教学的各个环节，以提升阅读教学的有效性，促进高中生阅读学习水平的提升。

第三节　基于核心素养的高中语文阅读教学机制

一、树立正确的语文阅读教学理念

教学理念支配着教师的教学行为以及教学活动，会影响整个教育教学活动的结果。先进的高中阅读教学的观念能够指导高中语文教师阅读教学的方向，让高中生得以有更加全面和个性的发展，对于学生的核心素养提高起到促进作用。

（一）育人为本的阅读教育理念

育人为本的教育观念中包括人的幸福、价值和人格尊严以及人的全面和谐发展，把教育和人的终身发展相结合，进而培养全面发展的人才。这是高中语文阅读教学培养学生核心素养最好的方式。在进行阅读活动的时候，高中生与文字优美、思想深刻的文学作品进行了亲密接触，并与古人先贤进行思想上的交流，从中产生潜移默化的影响，从而内化其对于个体成长有益的价值精神。

（二）个性化的语文阅读理念

在进行语文教学的时候，语文教师应该带领学生进一步地研究和探讨文章，展开思维活动，并在这个过程中感受文章的情感。老师对于学生的不同寻常的阅读感受以及理解应该给予足够的尊重，让学生在这个过程中得到感悟，不应该让老师的文本分析取代学生的阅读实践，不要急于将教师自身阅读所得迫不及待地传授给学生，避免已经模式化的文本解读取代学生独立的思考和探索。其中强调了学生在进行阅读的时候其主体性以及个性化。在高中阅读教学培养学生的核心素养的过程中，老师重视学生对文本独特的解读，进而进行合理的引导，最终走向文本精神所在，这恰恰可以推进学生综合素质以及语文核心素养的提高。

（三）基于核心素养设计阅读教学目标理念

在育人为本的教育理念、个性化的阅读观念的基础上，在高中阅读教学中来培养高中生的语文核心素养，教学目的是将语文核心素养的内涵要求作用于学生，让学生将其内化。所以要将语文核心素养的内涵与阅读教学目标相结合，从而促进其综合素质的提高。

1. 培养有效沟通的能力

通过高中语文阅读教学培养学生有效的沟通能力是把语文核心素养中的语言作为着力点的。在语文素养中语言积累以及构建和运用是作为基础存在的，其他所有的素养的进步都要以此作为基础，通过学生的个体语言经验的建设来完成。拥有这样素养的学生，可以不断地完善和丰富语言材料，和之前的语言材料构建联系，让语言知识更加系统，并在彻底把握语言文字特征以及运用规律之后，灵活地和语文学习相结合，进行语言实践活动，实现阅读活动、人与人之间的沟通。

2. 培养创造性思维能力

创造性思维能力的培养是在语文核心素养的思维的基础上衍生的。从调查问卷的结果可以看出，高中语文老师并不重视阅读课程中的思维训练，学生的思维没有得到进一步的发展，因此可以通过批判性思维导图和批判性的问题设置来锻炼学生的批判性的思维，批判性思维是学生创造性思维进步的先决条件，并且高中生的思维的进步也是培养语文核心素养的重要内容，进行高中语文阅读教学的时候，老师应该学会发展学生的思维，使其思维水平和质量得到提升，推动其思维水平的进步。

3. 培养了解文化的能力

其实语文的本质就是语言文字，就是文化。语言文字中包含着多元化的文化。其实进行语文学习就是在进行文化的传承。在语言文字中，深入体会文化内涵，深刻了解文化，这是高中生应该也必须拥有的能力。通过语言文字理解文化，传承文化，在对于中国本土优秀文化的传承，对于国外的优秀文化给予足够的尊重，对于不同地域的优秀文化，秉持理解、借鉴以及包容的态度，让国民更具文化自觉以及文化自信。

4. 培养审美鉴赏的能力

阅读教学的基础是学生有大量的阅读。阅读的主要内容是诗歌、散文这些比较优美的文学作品，让学生在阅读的时候能够感受到文学思想的熏陶。利用散文、诗歌这些文学体裁来塑造高中生的审美鉴赏的能力，提高高中生的审美，促进高中生形成自己独特的审美。在进行所有文学的阅读学习的时候，都可以对于学生的语文核心素养进行培养，帮助他们塑造鉴赏美、创造美的能力。另外除了本国的优秀文学作品，国外的优秀文学作品也可以来培养学生的鉴赏美和创造美的能力，启发学生的心灵。

二、构建高效的阅读教学模式

（一）选择优异的教学质点

在很多时候，阅读教学没有收获好的结果并非是因为阅读教学的方法有误，是没有选择优异的教学质点，所谓的教学质点就是文章最有价值的教学切入点。在一场阅读教学活动中，参与的对象有教师、学生、文本、作者四者。教师在以教师的身份讲授文本之前，首先要作为一个读者进入文本，与文本和作者对话；其次要考虑课程标准、教学参考内容、文本内涵与意义以及班级学生学情，换言之作为教师要将读者意识、文本研究意识、教学意识三者结合起来，才能够得出自己个性化的解读，确定文本的教学质点。

教学质点可以是关键的字词、句子、段落，可以是文体特征、艺术特色，文章的主题，作者的写作背景、时代背景等，它的形式是十分多样化的，内容更可以千差万别，但是它一定是一篇文本的中心，是能够做到工具性和人文性紧密联系的教学内容。师生可以通过教学质点从浅层次的文本语言文字之美去挖掘文本深层次的内涵与价值。

（二）创设生活化教学情境

教师在教学过程中应该创造性地开展各类活动，增强学生在各种场合学语文、用语文的意识，多方面提高学生的语文能力，这就是强调了语文学习应该模拟真实的情境，学生在学习知识的过程中可以达到内化，以此来应对现实生活。一旦学生在课堂上的语文教学内容能够与他们的具体生活找到相似点或者共同点时，学生接受知识的速度就会变快、内化的程度也远大于脱离生活实践的内容。所以教师在高中语文教学实践中要基于教学的内容去创新教学的内容，将其与现实生活联系起来，为学生创设一个生活化的教学情境，从中激发学生的情感体验。在打破现实生活与教学课堂的隔膜之后，学生就能够与作品有情感上的共鸣，对教学的内容会有更深入的理解，让他们能够在生活中更加有发现美的眼光，去体味生活中的"语文"的存在。

（三）建设课堂问题的情境

当教师找到优异的教学质点之后，如何来构建课堂，将文本的内在含义传达给学生就是另一个重点。因此，教师在阅读教学课堂上可以创设问题情境，设置阅读教学的主问题，通过问题形式启发学生，让学生进行思考。但是在创设问题情境的时候也要注意。首先，主问题是串联起主要教学内容、联系文本形式和内在的核心问题，这样的问题不宜过多；其次是主问题需要存在讨论的意义，要考虑到教学内容的难易以及学生的能力差异，启发学生一步步进行思考，换言之需要有层次性、逻辑性、连贯性，而非随意提问。

（四）合理安排语言实践活动

构建语言实践活动引导学生研读、思考，进行思维活动。语文教师在阅读教学中，引导学生深入研读、思考，这个研读、思考的过程其实就是学生思想活动的过程，所以在高中阅读教学中，教师要尽量多地让学生主动积极思考，进行思维活动。高中语文教师应该把阅读课堂中师生间的对话和学生间的相互合作等因素引入到高中阅读教学中，通过师生间的交流互动、合作对话促使学生进行思维活动，使其思维得到训练，使学生在原有认知发展的基础上得到思维的进一步提升，使学生从感性理解的层面进入理性评析与审视的层面，使学生思维得到进一步的深化。

例如，赫尔曼·黑塞的《获得教养的途径》一文，从理论角度对阅读的目的与意义做了阐释，学生阅读时对于这些大道理感到枯燥，那么教师可以提前让学生准备一个演讲，让学生谈谈从小到大阅读的各类书籍中对哪些书籍印象最深，并且哪本书对自己的成长有着深刻的意义，邀请学生上台分享。这一方面可以培养学生的语言表达能力，在复述和整合文本的同时结合学生个体的实践活动，最终在教师的带领下重读文本，学生会更乐于接受文本，课堂体验也会更加深刻。

（五）生成对话式阅读课堂

语文阅读教学课堂想要得到良好的阅读教学效果，只有首先让课堂处于自由、民主、平等的氛围之中。在阅读教学活动中教师与文本、教师与学生、学生与文本、学生与学生、师生与自我个体之间都应该产生精神层面的交流和互动。对话应该贯彻整个语文教学过程，这是最直接也是最重要的一种方式，因为师生的情感都需要通过语言活动去承载。所以这就要求教师走下讲台，乐于亲近学生，将自己与学生都放置到同一起跑线上，引导学生以阅读教学文本为基点，进行有意义的、有价值的对话。另外，教师要给学生足够的时间去阅读文本，进行学生与学生之间的交流，再者要引领对话的有序有效进行，尽可能给每一位同学表达自我、参与对话的机会。

（六）课堂反馈要有针对性

对于学生在阅读教学课堂上生成的答案，教师要注重激励评价，不能以简单的"好""很好""不好"来完成与学生之间的互动，而是需要有具体的针对文本的、针对学生自身能力的评价。无论是指出学生的优点还是批评其不足之处，教师在课堂上与学生互动时的语言要亲切平和，让学生感受到教师对其的尊重和理解。只有这样学生才能够进入一个师生之间互动的良性循环，乐于接受教师的意见和建议，乐于在课堂上表现自己，乐于去接受语文课。

除此之外还要注重教学细节问题，如上课的流畅度、学生上课的积极性、学生课后作业的完成度，这也得益于学生的反馈，整个过程是一个双向的良性交流，以此达到师生之间教学相长的目的。

三、革新语文阅读的教学方法

语文是一门包罗万象的学科，涉及哲学与历史、人文与地理、风俗与人情、文化与传统，其内涵之丰富，表现在形式、逻辑、审美等之上，但无既定的体系可言。因此，语文的学习难度较大，作为语文教师应该从以下方面安排阅读教学活动：

（一）根据学生心理发展特点展开阅读活动

从教育心理学角度进行分析，高中生经历的是青少年身心发展的一个重要阶段，是由儿童过渡到成人的一个重要时期，这一时期主要表现在情绪情感的不稳定中，在思想上更加独立，他们渴望在教师和家长的保护与管理中解放出来。并且高中生的感知能力、观察力、记忆力、方向性等更加明确。这种时期的高中生主要是建立一种自我统一感，换言之，自己的身份以及自己处的地位，抑或自己未来打算成为哪种类型的人以及应该怎样成为自己理想的类型。对于这个阶段的学生，如果掌握不好会出现逆反心理，但若掌握得当，会出现超出预期的教育成果。

为增强高中生参与课堂活动的主动性，应积极开展种类繁多的高中阅读教学活动，依照高中生的心理发展特征的优势展开多样化的阅读活动，提高高中生参加课堂学习的主动性，增强他们的自主学习兴趣，推动他们语言组织能力、思维能力等各方面的进步。举办多种多样的阅读活动，在师生、学生、教师间的交流学习中，通过各式各样的比赛、竞赛、讲读、讲演、演讲等对学生展开适应的训练。

高中阅读课堂中的气氛应该是自由宽松的，但在作者的调查问卷中体现出来的高中阅读课堂是沉郁、缺少活力的，主要是因为教师选用的"讲解式"教学方法，学生在课堂中缺乏积极主动性。因此，阅读教学在语文核心素养下应促进学生积极开展阅读活动，提高语文学习的自主性，与此同时，教师应时刻关注学生的阅读意愿，给学生足够的权力。学生只有积极参与课堂学习，主动阅读文章，才可以提高成绩，扩展眼界，增强各方面的能力。学生具有学习意愿就会主动学习，阅读大量文学作品，由此提高知识，增加知识面，深化思维，提升能力。

即使是同一位学生在面对不同的阅读教学文本所产生的感受都是千差万别的，所以教师在进行阅读教学时首先要足够了解自己的学生对于这个文本的态度是怎么样的、感兴趣的点在哪里、有哪些疑问。

（二）　制订语文阅读教学的目标与计划

每一位教师面对的学生层次都是不同的，作为教师要因材施教。在教学活动中，要根据不同生源层次的学生预设不同难易程度的阅读教学目标。有了目标才有动力，才能够调动学生的积极性。但是目标设置需要合理且得当，并且要注意目标的梯度和层次。在一个课时的教学中，师生的研讨应该要完成哪些阅读教学目标是教师在备课过程中需要仔细思考的问题。目标无论是太难或者太简单都无法调动学生的积极性，建议教师可以遵循由易到难的原则，先照顾后进生的感受，激发大部分学生的学习热情，然后生成难度较高、层次较深的阅读教学目标，让学生能够在课堂上不断进行研究与探索。不同阶段学生能够达到怎么样的阅读教学要求应该由教师提前规划。

（三）　注重培养学生的听、说、读、写能力

学生最基础的语文能力应该包括听、说、读、写四个方面。但是在实际的教学中，教师往往忽视学生能力的培养，更加注重成绩的提升。因此，教师首先要转变自己的观念，在备课活动时要考虑到预设的教学活动是否能够让学生的听、说、读、写的能力得到提升。首先，教师应该培养学生善于倾听的习惯，而学会倾听又使得学生的语言感悟能力和交流能力提升，学习主动性也提高。其次，在高中课堂时常会出现由于时间紧张，而摒弃读书这一环节，学生们更是觉得读书是浪费时间。但是有感情地朗读文本实际上是情感体察最直接有效的方式，情感很容易通过抑扬顿挫的语音语调传达出来，只有这样才是真正体现出阅读是思想碰撞和心灵交流的动态过程。因此，教师要大胆让学生放声朗读。最后，高中生具备了初步的读写能力，但是因为阅读的浅尝辄止、思辨的不深刻导致语言匮乏，所以说话和作文质量都不理想。那么教师在预设教学活动的时候要引导学生站在更高的视野和平台上去思考，往深处想、往远处想。

（四）　强化学生的创造性思维

高中生创造性思维的发展需要以其批判性思维的发展为前提，所以语文教师要培养高中生的创造性思维，就要先训练高中生的批判性思维。批判性思维处理信息有特殊的程序，先要信息接收的过程，对接收到的信息进行归纳，归纳的过程中仔细核查重要的信

息，考虑关于信息的论证是否正确。继而在自己的原有认知结构中检索，寻找相关信息，查找有关证据，推测其他方案，利用演绎推理得出正确的结论。在正确结论得出之后，不要着急表述自己的想法，必须先在大脑中回顾，进行逻辑推理。将信息核对过后，此时再陈述自己的观点，但要用逻辑性超强的论证证明自己的观点。此后，重新审视自己的思维过程和认识活动，并进行判断推理，做出自我的真实反思评价。评价时要按评价的步骤进行，有分析、有质疑、有论证等，但要注意质疑论证是批判性思维的核心。

实质上就是要去鼓励学生独立思考，让学生敢于质疑，敢于提问，不迷信权威。无论是语言知识的训练，还是在阅读、写作的过程中，教师都可以为其创设相应的实践情境，去启发学生思考。对于学生提出的属于他们自己的见解，哪怕不那么尽如人意，都要予以尊重和鼓励，将这些内容引导到符合文本解读的点之上，从而带动他们的创造能力，使他们能够在语文实践活动中得到成就感，养成可以从多维度思考问题、解决问题的能力。这是课程标准对教师提出的要求，也是年轻人应该具备的优秀品质。所以教师要利用一切资源和机会，根据高中生的心理特点和认知习惯，巧妙地将培养创造性思维融入课堂教学活动之中，开发学生的智力，培养学生的创新意识。

（五）引导学生养成读书的良好习惯

因高中生在身心发展方面存在差异，所以他们在学习能力、理解能力、思考力等方面有所不同，若要促进高中生有个性的发展，教师应根据高中生的个体差异性进行阅读教学设计，满足高中生的学习需求。教师可以引导学生根据自身情况选择文学作品进行课内课外阅读拓展，指导高中生在阅读过程中，有针对性地阅读文学作品，理解作品，体会文中情感等，满足高中生的阅读需求，培养其对于阅读的兴趣，从而在课堂上更好地引入经典文本。

语文素养的培养不是单一地依靠课堂，学生在整个成长过程中都必须要不断学习、终身学习的意识。所以在课堂教学过程中要不断跟学生强调自主学习的意识，让学生学习自我教育，最终完成自我的提升。自我的提升可以依靠大量的阅读，所以教师需要去不断挖掘学生的潜能，用各种形式去激发学生对于知识的兴趣，培养学生喜欢读书、善于读书的好习惯。

（六）丰富多元化的课堂教学方法

教师在教学课堂中要能够调动学生上课的积极性，不仅仅是用教学内容来吸引学生，更要做好教学形式上的创新。在教学用具的选择上要更加多样化，符合时代潮流、符合当下高中生的心理预期，达到激发学生课堂积极性的目的。所以教师可以选用各种形式的多媒体，让课堂活动更加丰富多彩。在教学形式上也可以大胆创新，敢于放手让学生成为课堂的主人，演讲、辩论、讨论、表演，甚至游戏式等多种形式，只要教师能够把控好课堂，都能使学生获得更深刻的课堂体验，对文本的体察也会更加深刻。

四、建立有效的阅读教学评价机制

有效的阅读教学评价机制具有良好的导向性作用。可以诱导教师转变教学方式，改进阅读教学课堂，促使核心素养的培养更好落实，最终达到立德树人的培养目的，实现语文教育事业的发展。

（一）评价需要以核心素养为基础

新课程改革把促进学生综合素质发展作为根本目的之一，对学生进行综合素质培养，使对学生的综合素质教育真正落到实处，所以评价应该以核心素养要求的内容为出发点，关注学生整体素质与能力的发展，而不再仅凭考试成绩判定学生的好坏，单一的数据很难呈现教育的复杂性。

（二）把握语文阅读教学课堂评价

课堂评价标准是关注整体的多维标准，评价应该更加注重过程性评价，评价方法应该多样性。阅读教学课堂是整个语文阅读教学活动最重要的一个环节。因此，在课堂上，教师要关注学生表达性的内容，例如学生的口头表达能力、当堂练笔的质量、课堂讨论结果的优劣，以此为出发点来评价学生的知识掌握情况、思维发展程度、审美鉴赏能力高低，而非只以考试成绩高低来评判学生的能力发展情况，武断的、单一的评价只会伤害学生的积极性。

另外，能否及时地对学生进行综合性的、全面性的评价也是十分关键的，落到实处就是全面细致地描绘学生的在校情况。除了单个学科的情况外，学生整体的课堂表现如何、习得了哪些知识、存在哪些不足、具备哪些能力、接下来的学习方向、品行道德表现等用客观的语言描述出来，能够让学生对自己有一个完整的了解，更有利于学生改进自己的缺点，发挥自己的长处，取长补短，多元整合，使得整个教学呈现向上的趋势。

（三）健全阅读多元评价的制度

在评价活动中，除了教师承担着对学生的评价任务，教师也可以让学生进行自我评价和学生彼此之间进行评价，整个课堂应该有多元化的评价标准，除此之外，还可以有班级评价、学校评定、家长评定等，评价来自多方面。不同维度的评价综合起来成为一个立体的结果，这样做才能真正发挥评价促进发展的作用。

（四） 教师评价要奖惩性与发展性结合

对于教师的评价应该包括知识、能力、德行三个方面。知识素质要考虑到教学和德育两方面的知识；能力素质包括教学、创新、发展三个方面的能力。发展性是指教师在发展自身的同时要兼顾学生、学校的发展。所以对于教师个体的评价，学校不能简单地以高考成绩作为唯一的参考点，要将教师的能力发展、教学实绩、职责完成情况三者综合起来看。能否在原有基础上有进步是其衡量的标准，应该给予肯定。另外，可以恰当利用奖惩机制来促使教师更好地实现发展性目标。

五、注重语文教师的专业发展

第一，树立良好的教学观念。教师要清楚地知道课堂是双向的师生互动的。另外教师在授课的过程中要有持续更新教学知识的理念，切不可仅仅依靠教参。再者要正确认识和对待学生，学生的智力水平、能力发展都处于不同的层次，不能仅以一种智力模式去对待每位学生，要尊重每一位学生，让学生能够在教学活动中去产生创造性的成果，从而获得自信心，享受学习带来的愉悦感。

第二，善于倾听，尊重学生。教师只有善于倾听学生的意见，在师生互动过程中尊重学生，才能够营造良好的教学氛围。需要有民主、平等的课堂气氛才能诱发学生去思考，学生才会敢于表达自己的见解。教师在与学生的互动中，始终要以和蔼、亲切、幽默的态度进行情感教育，会让学生更加乐于接受、乐于思考、乐于创新，最终达到发展能力的目的。

第三，强化自我专业发展意识。语文教师要在职业生涯中不断地更新理论知识，推进自我的专业成长。只有有着强烈的不断发展自我的理念和意识才能够不断提高专业的水平。教师和学生一样是教育最重要的实践者，强化自我专业发展意识有益于教师个体价值的实现，也必然能够推进学生的发展以及教育事业的发展。

第四，敢于钻研文本、勤于动笔。语文教师要敢于钻研文本，对文本有自己的理解和感悟，尤其是在阅读教学的过程中，教师的读者意识也是必不可少的，只有自己能够走进文本，领悟文本，将文本内化，提出创设性的阅读教学质点，才有可能在课堂上带领学生走向崭新的台阶。

教师要积极主动地将自己的备课心得、教学体会生成文字内容，教案不仅仅是看写得是否详实，而且要看教师对于文本解读是否有独到的见解。作为语文教师，自己无法写出优秀的文章，那么如何能够站得住讲台？教学立足于科研，科研推进教学，语文教师要勤动笔，把研作为抓手促进教学效果的提升。

第四节　高中语文群文阅读及其课堂教学设计

一、高中语文群文阅读的特征

群文阅读有自身鲜明的特征，把握这些特征，对于理解群文阅读有着重要的价值，一节群文阅读课是不是成功，就要看这些特征在教师的课堂上有没有实现。

（一）结构化特征

所谓结构化，是指群文阅读中，读者要对群文整体形成一个整体性理解，而且这个整体性理解是有着明确结构的。一个明确的理解结构具有三个方面的特征：第一，具有贯彻始终的核心线索，群文阅读议题的价值在这里鲜明地体现出来；第二，理解的各个部分围绕着核心线索形成一个富有逻辑的架构，而不是随便地有所联结；第三，上述理解结构能够最大化地囊括各个文本的主要内容，而非文本的局部或者片段。

结构化是人类理解世界的两个有效方式之一，一方面它能够让阅读者真正"理解"自己所阅读的东西，另一方面在于引领学生克服多文本阅读中极容易出现的碎片化、表层化理解的问题，从而达到思维的新高度。此外，结构化也对课堂教学有着重要的意义，唯有通过结构化，才能够让学生在复杂的多文本阅读中聚焦，而只有聚焦大家的目光，才能够实现有效的倾听，融汇大家的智慧，实现集体建构。

（二）探究性特征

群文阅读就是对多文本的探究乃至探险的过程。如果要理解一组群文究竟在说什么，就必须整合多方信息，形成自己的理解，建构自己的意义。这个过程需要学生慢慢去发现，而不是教师去教授。群文阅读的一个重要价值就在于提供了一个由多个文本组成的丰富的阅读环境，学生在这个环境中需要搜集信息、分析信息和整理信息，在比较与联结、假设与检验的积极思考中建构对多文本的整体性理解。

（三）创新性特征

和单篇阅读相比，群文阅读更具有创新性。单篇文本的结构是相对单一、固定的，这意味着其意义是相对固定的，可以创造的空间是比较有限的。但群文阅读不同，它通过多个文本可以对同一问题、同一现象提供多视角的理解，可以通过多个文本所提供的纷繁复杂的信息产生更多的联结。此外，在群文阅读中，学生不仅要知道每个文本的内容，还要知道文本间存在怎样的联系，这也需要一定的创新性。

二、高中语文群文阅读的课堂教学设计

（一）高中语文群文阅读课堂教学的流程设计

1. 议题设置

议题就是群文阅读教学中师生要讨论的话题、问题，而非一个既定的结论，必须引发大家的思考与议论。议题是群文阅读教学的线索，不能只概括一部分教学内容或者只是某一个教学环节，而是要贯穿教学的始终，使每一个教学步骤都自始至终围绕着它进行。此外，一节群文阅读课可以有一个或多个议题，在面对多个议题时要一个一个地来，不能直接把所有议题拿出来讨论。例如，从《合欢树》《枣香醉人》《项脊轩志》《祭妹文》这四篇文章中可以提炼出"以小见大手法的妙用"和"领悟家文化内涵"两个议题。教师必须先引导学生掌握以小见大手法，学会从"以小见大"的角度解读散文或者先引导学生通过感悟家庭文化，探求中华文化的"基因"，不能同时讨论两个议题。

2. 文本选择与组合

群文阅读教学与单篇阅读教学相比阅读对象从一个增加到多个，阅读内容从一元发展到多元，所以文本的选择与组合尤为重要。群文阅读教学考虑的不是某一文本作为一个单篇课文的教学价值，而是其在互文性的比较中所具有的教学价值。此外，在选择文本时要追求实用性和经典性共存。实用性就是文本必须能够最大化彰显议题，充分体现议题的某一个维度，并成为关联性的紧密联系的整体。经典性就是在满足实用性的基础上选择名家经典，架通学生和文学大师之间的对话桥梁。选文之后，就要将文本以一定的形式组合起来，才可以进行群文阅读教学。常见的组合形式有一篇带多篇和群文共读。一篇带多篇就是先呈现一篇再呈现其他文本，群文共读就是多个文本同时呈现。教师要根据教学目标、课堂结构和文本的特性等因素使用丰富多样的文本组合形式，培养学生的统整思维，使学生通过分析、探究等活动提升思维能力。

3. 集体建构

集体建构就是不事先确定议题的答案，在师生智慧的共享中逐步构建文本的意义。集体建构强调学生既要有自我建构，形成独立智慧，还能够将个人智慧融入集体智慧并求同存异，在视域融合中获得智慧的增长。在传统的阅读课堂上，学生往往将注意力放在接受

"标准"答案上，彼此之间缺乏真正的互动。在集体建构过程中，学生之间的差异为新视野、新理解的生成提供了可能，同时这些差异所产生的张力也会转化为集体的创新动力。多文本在形式上为群文阅读提供了解放的可能，但如果仍按照单篇阅读教学那样，把学生置于教师的掌控之下，群文阅读教学带来的解放也就不复存在了。在群文阅读教学中，进行集体建构需要三个步骤：第一，教师要进行自我建构，对群文有比较透彻的理解；第二，可以使用小组讨论这种方式，创造一个和谐的课堂氛围；第三，教师要进行有效引导，让学生积极表达对文本的想法和见解。这样，让学生在整个课堂进程中体现出非常强的主体意识，正是集体建构在群文阅读教学中的意义。

4. 达成共识

达成共识是师生通过围绕议题进行集体建构的最终结果，即学生对一种理解或知识的共同认可。首先，达成共识不是寻找答案的唯一性，而是保持答案的多元性。例如，在以"我看屈原"为议题的群文阅读课中，教师提问："有人说屈原投江是一种勇敢的行为，也有人说是一种懦弱的表现，对此你怎样看？"学生的理解不同，判断标准也不同，不管学生认为是勇敢还是懦弱都是他们在集体建构找到的自己认可的答案，这就是答案的多元性。其次，达成共识不是不要知识的准确性，而是不能以教师的思想代替学生的思想。例如，对于"绝句属于宋词的一种吗？"这样一个问题，有的学生说属于，有的同学说不属于，这并不是答案的唯一性，而是知识准确性的缺失。这时教师可以通过引导说错的学生明白"绝句是唐诗的一种，宋词分为小令、中调和长调"，使学生在"绝句属于唐诗的一种"上达成共识。

综上所述，群文阅读教学的实施流程是先设置议题，然后围绕议题选择与组合文本，再由师生在课堂上进行集体建构，最后通过集体建构达成共识。

（二）高中语文群文阅读课堂教学的优化设计

1. 合理设置群文阅读的议题

（1）依据学生阅读需求设置。群文阅读教学服务于学生，在设置议题的时候，一定要关注学生的阅读需求。议题要符合学生的阅读基础、解决学生的阅读困难、满足学生的阅读兴趣。只有这样才能引发学生对议题的深入思考和理解，引起情感的共鸣，使学生在课堂上尽快进入阅读状态，全身心投入到阅读情境中去，教师也可以在课堂教学中更加轻松自如。

第一，考虑学生的阅读基础。教师要了解学生语文知识和技能的掌握情况，坚持"最近发展区"的原则，把学生已有的知识和经验作为新知识增长点，从学生的阅读基础出发确定适合的议题。

第二，关注学生的阅读困难。学生不会的就是要教的，学生困惑的就是需要着重学习的。教师可以在课后征集学生的问题与建议，让学生畅所欲言；还可以设计调查问卷找出学生的阅读困难，设置有利于为学生解惑的议题。

第三，关注学生的阅读兴趣。教师应该适度关注学生兴趣点，寻找能够激发学生兴趣的议题，调动学生学习氛围，激发学生求知欲。

（2）依据高中语文教材设置。依据高中语文教材设置议题，主要是依据教材的助读系统与练习系统，具体可以从以下方面入手：

第一，从"单元导语"中确定议题。群文阅读教学提倡一课一得，单元导语对单元课文的教学重点具有明确的指向性，因此，可以从单元导语中确定议题。例如，在设计"鲁迅小说中的女性形象"群文阅读课时，可以选取《祝福》《离婚》《伤逝》三个文本，首先让学生回忆《祝福》，并快速阅读《离婚》《伤逝》，自主概括故事情节；其次，合作探究分析人物形象；最后，比较文中女性形象的异同，探究悲剧产生的根源。这样引导学生学习小说中描写人物的技巧，掌握分析人物性格的方法，并学会通过人物分析把握主题，从而实现单元教学目标。

第二，从"课后习题"中确定议题。语文教材课后习题层次清晰、内容丰富，是教材的重要组成部分。教师可以根据课后习题确定议题，促进语文知识的巩固和迁移。例如，《归去来兮辞》一文的课后练习四是"说说你心目中陶渊明是怎样一个人，并谈谈你对古代归隐现象的看法"，还附上了萧统《陶渊明集序》和《陶渊明传》的节选内容。因此，教师可以设置"我心中的陶渊明""陶渊明为什么会归隐田园"等议题，选择《归园田居》《五柳先生传》以及世人对陶渊明的评价等文本进行探究，引导学生从不同角度了解陶渊明，还可以补充其他归隐的诗人的诗作，如范成大、孟浩然和王维等，让学生探讨诗人归隐的根源，阐述自己对归隐现象的看法。这样从课后习题中确定议题，既能实现知识的巩固，又能促进知识的迁移。

2. 恰当地选择与组合文本

文本是群文阅读教学的载体，是群文阅读教学中极为重要的部分，恰当地选择与组合文本是上好一堂群文阅读课的重要保证。

（1）整合并丰富文本类型。目前，很多教师习惯于从教材同一单元内选择文本，这样极易将群文阅读课变成单元阅读课，使群文阅读教学流于形式。教材内同一个单元的课文大多主题和体裁相似，虽然彼此之间有一定的联系，但内在联系较弱。然而，选文不能完全脱离教材，否则就难以适应实际需要，解决实际问题。因此，在选择文本时，教师要整合丰富的教学资源，丰富文本类型。

第一，整合课内资源。教师可以整合课内资源，从不同版本的语文教材中选文。毋庸置疑，教材的选文蕴含着丰富的语文知识和文化内涵，具有较高的思想水平和文化价值，是师生共同生成课堂的根本。因此，教师要抓住教材、吃透教材，以教材为主，整合课内资源。例如，以"感知科学精神"为议题，将《"探界者"钟杨》《青蒿素：人类征服疾病的一小步》以及《一名物理学家的教育历程》三篇文章组成群文，开展群文阅读教学。在教学时，引导学生学会通过典型材料分析人物形象，并且能够抓住典型事件，把握人物精神，感知科学精神的伟大。这样整合课内资源，可以让不同版本的教材在学生的阅读活动中发挥积极的作用，让教材发挥出最大价值。

第二，整合课内外资源。教师可以整合课内外资源，拓宽学生阅读视野。例如，在讲授《六国论》时，补充苏辙的《六国论》、李桢的《六国论》和阎文峰的《六国灭亡的真正原因是什么》，开展群文阅读教学。在这四篇文章中，作者们都以自己的视角对六国灭亡的原因展开了深入剖析，但结论却各不相同。如苏洵提出六国灭亡"弊在赂秦"；苏辙认为症结在于秦国"不知天下之势，不用韩魏之利"；而李桢主张"六国皆欲为秦所为而不施仁义"；阎文峰则指出"六国不务实，从秦统一天下反观六国之用人、法治、利民"。教师可以引导学生找出四位作者的观点，然后探究有这样的观点的原因。这样，以课外的文章作为补充，可以深化学生对苏洵文章背后暗含的对当时社会现实的体悟，领会苏洵在文中表现出来的严肃的历史批判和现实批判。以教材为中心，以课外阅读材料为补充，既能丰富学生的知识储备，又能提高学生文本解读能力，增强学生思维的缜密性。

第三，跨学科整合教学资源。教师可以跨学科整合教学资源，丰富文本类型。现代课程理念提倡要从关注教学细节走向注重统整全局。语文学科是其他学科的基础，各个学科之间相互交叉、渗透。此外，"群文"的"文"指的是文本，而不是文章，广义的文本除了文章之外还包括图片、视频和音频等非连续性文本等。因此，教师可以将各学科课程资源进行整合，扩充语文学科内容，同时注意文本的情境性。例如，以"走进白洋淀，感悟红色精神"为议题，选取《荷花淀》《采蒲台的苇》《山地回忆》组成群文，课堂上补充介绍白洋淀抗日战争博物馆的经典展品、白洋淀雁翎队和他们英勇的抗日故事。学生在课堂上整合相应的文史学科知识，通过学科间的互补以更高层次、更深视角去感悟白洋淀的红色精神，同时加深学生对历史学科知识的理解与掌握。这样，以语文学科知识为主体，挖掘学科间的内在联系，实现跨学科知识与能力的灵活运用，有助于提升学生的全面协调发展能力。

（2）严格把握文本数量。群文阅读教学虽然以扩大学生阅读面为教学目标，但我们的目的不仅仅是增加学生的阅读量，更是要让学生形成良好的阅读习惯和个性化阅读指向。

所以，教师在选择文本时要把控文本数量，不能过于重视文本的数量的增加而忽视学生对文本的接受程度。

第一，教师要根据群文阅读教学的实施阶段，灵活调整文本数量。当群文阅读教学处于实施的初始阶段时，学生对这种新的阅读方式还很陌生，教师可以教材内文本为主，补充一到两篇课外文本，将数量控制在三到四篇；当群文阅读教学处于实施的深入阶段时，教师可以适当增加文本数量。值得注意的是，文本的数量最好不要超过八篇。

第二，教师要根据学生认知水平，确定文本数量。新课程改革倡导学生本位，而关注学生认知水平正是这一理念的体现。以文言文类文本为例，学习文言文一直是高中生的一大挑战。教师如果不从学生实际情况出发，不考虑学生的接受程度，选取数量过多的文言文让学生阅读，就会增加学生的学习压力，打消学生学习的积极性，甚至会使他们产生排斥情绪。不但文言类的文本是这样，其他类型也是如此。教师要将学生的接受程度和身心发展需要作为选择文本的起点，用教师的"教"来配合学生的"学"。

第三，教师要根据文本难度，调控文本数量。如果文本的内容让学生难以理解，那么文本的数量应该控制在三到四篇。例如，在以"古代爱情悲剧的根源探究"为议题的群文阅读课中，由于探究内容和现代生活相去甚远，所以选文数量不宜过多，教师可以选择《孔雀东南飞》《梁山伯与祝英台》《杜十娘怒沉百宝箱》这三篇文章作为阅读文本。如果文本的内容学生比较熟悉，那么教师可以适当增加文本的数量。例如，很多诗词中都有"用典"这一手法，学生之前也接触过。因此，教师可以将"诗词中的'用典'手法"作为议题，选取辛弃疾的《永遇乐·京口北固亭怀古》《南乡子·登京口北固亭有怀》、刘禹锡的《乌衣巷》、李商隐的《锦瑟》、李清照的《一剪梅》等文本开展群文阅读教学，利用学生已有的知识经验强化学生对用典这一修辞的理解，从而使学生了解用典的意义及其独特价值。

（3）文本组合形式多样化。群文阅读教学的"群"指的是多篇文本，相比传统的单篇阅读，所涉及的文本更广泛，学生的阅读难度更大，这就要求学生强化逻辑思维，发展辩证思维，提升创造性思维。但是，单一的文本组合形式不能够满足培养学生逻辑思维能力、辩证思维能力和创造性思维能力的需要，所以我们应该采取多样化的文本组合形式。具体可以采用案例阅读式、并列阅读式和分组对照式三种组合形式。

第一，案例阅读式，可以理解为"一篇带多篇"，也就是先重点阅读和分析第一篇，具有示范性的文本，并以第一篇文本为案例，将探究第一篇文本时的发现或学习到的阅读策略应用到接下来的文本中去。例如，在设计"点染新词别样锦"群文阅读课中，先呈现柳永的《望海潮》，引导学生解读《望海潮》中的点染法。在了解点染法之后，再呈现李清照的《声声慢》、李煜的《浪淘沙·往事只堪哀》、秦观的《南乡子·妙手写徽真》以及辛弃疾的《破阵子·为陈同甫赋壮词以寄之》，让学生合作探究出这几首词的点染现象体现在哪，运用点染法有何表达效果等问题，最后比较点染形式的异同。这样，强化学生对"点染法"这一写作手法的认识。这种组合方式能够帮助学生在掌握一篇的情况下快速掌握其他文本，且操作难度较小。

第二，并列阅读式，可以理解为"群文共读"或"多篇共读"，简单来说就是文本对议题的作用是平均发力，与案例阅读式不同，每一个文本对其他文本来说并不具有示范性。例如，在"散文写景语言"群文阅读教学中，选择《囚绿记》《鹤》《像烟灰一样松散》三个文本。这三篇散文的语言风格完全不同，陆蠡的《囚绿记》是从不同的角度对"绿"进行细致的描写，汪曾祺的《鹤》运用映衬手法渲染神奇之美，毕淑敏的《像烟灰一样松散》里运用巧妙的比喻描写烟灰。所以，将三篇散文同时呈现，并无先后、主次之分。这种组合方式的好处在于学生可以获取最大化的阅读量，通过对多个文本的比较形成理解的合成结构。

第三，分组对照式，包括分组交叉对照和分组无交叉对照两种形式。分组无交叉对照是指一组内文本是相近的，同一文本不会同时出现在不同的组里。例如，在"易安词的意象美在哪里"的群文阅读教学中，以李清照词的"舟""花""酒""雨"四组意象为对照点，将文本分为四组："舟"意象组选入了《一剪梅》《武陵春》；"花"意象组选入了《一剪梅》《声声慢》《醉花阴》；"酒"意象组选入了《声声慢》《醉花阴》；"雨"意象组选入了《添字采桑子》《声声慢》。在实际教学中，引导学生一组一组地对比、归纳和总结，最后再予以整合。可见，分组对照式这种组合形式思路清晰，路径明确，更有益于学生进行对比整合，让学生在多次的归纳总结中，强化逻辑思维与辩证思维。此外，在面对多议题的群文阅读课时，为了建构对某个较大议题的理解，可能需要建构几个较小的议题。这些小议题会选用不同的组文方式，这时对于这个较大的议题来说，就会呈现出几种组文方式的融合。总而言之，要想使文本结构性地呈现在学生面前，教师应仔细分析文本与议题之间、文本与文本之间的关系，使用恰当的方式组合文本。

3. 建构群文阅读教学的评价机制

教师要转换评价理念，将"对学习的评价"转换为"为学习的评价"，淡化评价的甄别与选拔功能，利用多元的评价主体和多样的评价方式落实评价内容。

（1）构建多元化评价主体。群文阅读教学的目的是要让学生追求个人思想和情感的表达，形成独特的个性倾向。另外，课程标准在评价建议中倡导利用不同评价主体进行多角度反馈。因此，教师、学生和家长都应该参与到群文阅读教学评价环节当中来，关注学生在阅读过程中的动态发展，关心学生的内心情感和态度等表现。

第一，发挥教师评价的导向作用。教师作为群文阅读教学的设计者和实施者，具有专业的教学素养和丰富的教学经验，掌握着一定的教学技能。此外，每个学生都渴望得到老师的认可。因此，在群文阅读教学中，教师应深入了解每个学生的特点，根据教学实际情况，综合运用多种评价方法对学生进行评价。

第二，发挥学生评价的主体作用。学生要明确自己既是评价的主体又是评价的对象，积极地参与自我评价与同学互评。学生自评可以促进学生完善自我认识，使学生通过总结学习得失和学习收获，实现自我监控。因此，教师可以设计如下表所示的"学生自评单"，帮助学生自我评价。另外，在群文阅读课上，学生通常以小组的形式交流讨论，小组成员在合作交流中也能够了解对方的表现，彼此之间也有相似的学习和生活体验，所以学生互评非常适合用于群文阅读教学评价。教师可以组织小组成员互评，激发学生的学习动力。

第三，发挥家长评价的辅助作用。教师可以邀请学生家长参加"读书报告会""群文感悟会"等阅读活动，让家长直接感受到学生由不知到知，由少知到多知的逐渐进步，还可以将学生在学习过程中的表现反馈给家长，尤其是一些后进生。这样有利于强化师生层面的评价，形成和谐的评价氛围，促进学生不断发展。总而言之，只有教师、学生、家长共同参与到群文阅读教学评价中来，才能实现评价主体的多元转换，促进学生的发展。

（2）采用多样的评价方式。群文阅读教学作为一种新的阅读教学形式，要为学生营造一个开放的评价环境。正确的评价方式可以落实评价内容，让评价主体真正发挥出作用。群文阅读教学评价有较为鲜明的个性取向，不过多强调结果的唯一性。因此，教师要依据教学实际情况以及学生的个体差异，采用多样的评价方式。

第一，教师可以利用档案袋评价法。"档案袋评价法"主要关注学生阅读过程的表现、情感和能力的发展，记录学生在阅读中成长的轨迹，监控学生阅读动态变化，让无形的阅读检测变得有量可循。"理想型档案袋"主要由作品产生过程说明、系列作品和学生反思三部分构成。具体到群文阅读教学中，我们可以将"理想型档案袋"稍做变形，建立学生的"成长档案袋"。

"成长档案袋"可以包含内容：①阅读的文本，这些文本可以是学生上课时所做的批注，也可以是课上的心得体会或课后收获；②学生的阶段性成果，教师可以将学生的作品放入档案袋中，见证学生写作水平的提升；③教师评语和学生自我反思与总结，在每个学期末，教师应对学生的群文阅读情况给予合理评价，突出学生在学习过程中变化和发展，学生要对自己一学期的阅读表现做出评价，归纳总结出优点与不足；④给家长的一封信，这封信既可以由教师独立完成也可以由学生、教师合作完成。一方面，可以让家长见证孩子在阅读过程中进步；另一方面，教师、学生、家长之间可以形成民主和谐的氛围，不但让评价主体得到落实，也为教学工作的开展提供了便利。

第二，教师可以利用评价量表。评价量表是一种评分工具，描述的是对某项任务的具体期望。评价量表不但方便、简洁、节省时间，还可以为学生提供及时有效的反馈信息。教师可以按照不同的评价内容来制定评价量表，发挥出评价量表的最大优势。

第五节　基于"整本书阅读"任务群的"学历案"设计

基于当前高中语文课程改革的大趋势，尤其是语文学科核心素养的明确与新的课程组织方式学习任务群的出现，在理论上如何让教学设计理论更加符合当前改革趋势成为热点问题；在实践上，任务群在应用中的落地急需一个设计方案的实践要求。"学历案"作为一种指向深度学习的新型教学专业化预设方案，与高中语文"整本书阅读"学习任务群融合，为这些问题提供一个新的思路。

一、基于"整本书阅读"任务群的"学历案"设计意义

（一）有利于把握语文学科核心素养的培养方法

当前学科核心素养的明确，要求掌握好语文学科核心素养的四个方面（语言建构与运用、思维发展与品质、文化传承与理解、审美鉴赏与创造），重点在于必须抓住核心素养四方面的综合性与实践性。在教学上体现于促进学生的深度学习。在于学习过程的经历，这种"经历"需要教师进行预设，进行方案设计。"学历案"就是提供一个完整的设计方案，通过六步骤的引领进行一场完整的学习过程。研究"整本书阅读"任务群的"学历案"设计，能为语文学科素养的培养提供一个新的思路。

（二）有利于研究"整本书阅读"学习任务群设计策略

通观语文学习任务群，可以发现其有以下特点：其一，学习内容的综合性；其二，学习过程的整合性；其三，学习方式的实践性。在当前高中语文课程改革的大环境下，必须重视教学方式的进一步转变，教学方式变革首要在于教学设计方案的变革。"学历案"作为一个全新的教学设计方案，通过"整本书阅读"学习任务群上的"学历案"设计研究，将为"整本书阅读"学习任务群的落地提供一个可能性方案。

（三）有利于"学历案"在应用学科与形式上的扩展

"学历案"是近年来才出现的新型教学设计方案，在学科应用方面与操作问题方面仍

需要研究补充。研究"整本书阅读"任务群的"学历案"设计，能为"学历案"本身扩宽学科应用范围，并增强其操作延展性。

综合来看，摸索"学历案"与"整本书阅读与研讨"任务群的契合，对于"学历案"本身而言，有利于"学历案"在应用学科与形式上的进一步扩展；对于教学而言，有利于促进教师的角色转变为设计者与引导者，推动学生在这种新型设计方案的整体助力下进行语文任务群的深度学习，最后提高学生的综合素养。

二、基于"整本书阅读"任务群的"学历案"设计策略

学历案有专业的学习实践过程，主要有六要素，这六要素的行为主体都是学生：主题与课时、学习目标、评价任务、学习过程、检测与作业、学后反思。通过主要的六要素，"学历案"构建起一个完整的学习思路，让学生明白"我"要去哪里（目标）、从哪里出发（教学起点）、借用哪些载体（内容）、从何处获得支持（线上线下）、怎么去（学习过程）、何以知道自己已经到哪里（评价）、何以明白自己是如何学会的（反思），体现一个完整的学习过程、课程事件、教育片段。设计时要注意"学历案"与学习任务群的融合。

（一）确定并叙写学习目标

因为是"整本书阅读与研讨"学习任务群的"学历案"设计，既要突出"学历案"本身的特色，又要注意它是为学习任务群的内容而服务的，所以在设计时要抓住三点：学习内容目标、学习过程目标与学习效果目标。首先是学习内容目标设计，在这一点上要尤为注意的是阅读不同体裁的内容要区分，尤其是小说与学术著作两者的侧重点不同，给出的目标也不同。其次是学习过程目标，要重视设计整本书的阅读过程目标与研讨过程目标，整本书阅读的过程是学生进行自主阅读的过程，要重视学生梳理书籍内容、记录个性体验与摸索阅读方法。设计整本书的研讨过程目标，对学生交流阅读技巧与讨论文本内涵两点给出一个明确的目标。最后是学习效果目标设计，要重视以学生为主体，因为"学历案"是学生进行操作的支架，并且要设计学生可实现、可提高的学习目标。

（二）设计以学生为主体的评价任务

评价任务是"学历案"的一大特色，评价任务在"学历案"中被安排到了学习目标后、学习内容前，这正是为了促进学生对学习目标的精确掌握，并且这种评价无疑是一种和教学过程融合的"奖励机制"，学生知道自己如何达到目的及实现目标的程度，这样就不再是教师以追赶态度强迫学生接受，而是学生自发自主地向前。"要重视依据学习目标撰写评价任务，从学生角度出发设计，因为评价主体不同于原来的教师，所以在设计上尤

其要注意可操作性，要求教师设计的是学生能接受与理解并执行的评价任务①。"

（三）厘清整本书阅读与研讨的学习过程

核心素养的学习是以学生的语文活动为主线，主要通过阅读与鉴赏、表达与交流、梳理与探究等具体学习活动完成项目任务的学习。"整本书阅读与研讨"任务群的重要性在于对当前教学集中于单篇阅读的阅读习惯进行更改，通过个性化阅读，学生增强自主能力，养成良好的阅读习惯，激发兴趣；通过生生、师生共同平等地分享阅读经验与体会，学生强化合作能力，进一步增强交流与表达能力；通过"整本书"的全景探究与深入分析，学生强化探究能力，并建构起对文化与审美的深入思考，树立正确的观念。过程设计是极其重要的一环，并通过这个过程让学生掌握"真正的阅读意义"。

在设计整本书阅读过程中要重视两点：首先学生在阅读前进行充分准备，选择阅读文本，了解阅读方法；其次认真梳理阅读文本过程，重点为：把握文本内容、选择阅读方法与记录个人阅读体验。在设计整本书的研讨过程中，让学生了解研讨的意义与原因，并通过文本梳理，得到研讨问题，并通过交流讨论，对问题进行探讨，最后形成自己的观点与文章，从文字出发，再归于文字。

（四）科学设计作业与学后反思

设计作业要重视阅读作业与研讨作业之间的联系，因为课上时间有限，阅读整本书往往是依据个人的效果，更要重视课下作业的凝练与作用，并且不让整本书阅读的作业僵化，就要依据学习目标与评价任务，合理运用多种作业手段。

学后反思设计要立足学生视角进行设计，不能让反思成为泛泛的空口之谈，要明确知识性问题，重视过程性问题，在过程中出现学生不知道如何反思从而无从下手的问题。这时要抓住学习目标与评价任务，针对学生提出有针对性的问题，在渐渐熟悉的过程中抓住反思的要点。

综上所述，对"整本书阅读"任务群的"学历案"设计要从学习目标、评价任务、学习过程、作业与学后反思进行策略探究，以求"学历案"在"整本书阅读"任务群中得到高效应用。

---

① 王越. "整本书阅读"任务群的学历案设计 [J]. 文教资料，2019（29）：47.

第七章　高中语文教学中"学历案"的设计实施及运用

第一节　高中语文"学历案"单元设计

一、顶层规范——指向语文核心素养

（一）单元设计——凸显语文核心素养本位

"核心素养—课程标准（学科素养/跨学科素养）—单元设计—课时计划"是课程发展与教学实践中环环相扣的链环，从中我们可以获取三个关键信息：教学设计需要突出素养本位，单元设计是课程开发的基本单位，课时计划需要有课程视野。

传统教师教学，起初是按课时分配知识点，每节课下前必须掌握一个知识点。如提到《孔乙己》便是学第一人称，提到《药》便是学习双线结构，提到《祝福》便是学习倒叙。这样的教学一个个松散的"点"抓住了，但却没有把握住"线、面、体"。而后转变为按课时落实三维目标，由于课时少任务重，以致最能体现育人价值的情感态度价值观的培养，最后只能沦为"贴标签"。而今基于核心素养，强调整合学习情境、内容、方法、资源等的大单元设计。一个单元下的若干课时成为一个整体，知识的建构、能力的培养、方法过程的经历、价值观的形成作为单元线索，贯穿始终。改变了课时决定教学的教师备课被动局面，教学是否结束取决于是否真正落实三维目标的融合。

因此高中语文"学历案"单元设计，从课程视野出发，以培养学生语文学科核心素养为纲，整体设计目标、内容、实施和评价的一致性。①单元主题——"为课程命名"，主题可以是大任务、大观念、大问题、大项目。②单元目标，对接语文学科核心素养，思考如何将课程目标、学习任务群目标转化为单元目标、课时目标。③单元内容，基于单元目标重组教材内容，合理选择联结其他课程资源。④单元评价任务，匹配目标，主要有两种方式：一种是表现性评价，课堂真实情境中的师生问答、展示、表演以及复杂的纸笔任

务、调查等；另一种是传统纸笔测验。⑤单元实施，学习过程就像学习进阶，单元的大任务通过具体细小的任务落实，分课时设计，贯穿学教评的联动一致。⑥单元检测与作业，属于评价任务的试题化，整体设计课前、课中、课后的检测作业。⑦单元学后反思，经历反思的知识能力才能转化为素养。这样的教学过程才是经历完整的"主题—目标—路径—评价—反思"的学习历程。

（二）情境创设——发现学生语文生活的需求

高中语文教育并不是培养"大师""专家"，而是在于"成人"，即它不追求知识点的全面和系统，而强调面对真实的复杂情境个体运用知识能够"做"的内容、有怎样的品格价值观。换言之，我们面临的挑战不是从记忆中"再现"所学，而在于能够灵活地修改与调整一般性观点，使之适用于特定情境。所以应对复杂真实情境是培养和评价学生语文核心素养的重要方式与载体。

因此高中语文学历案单元设计需要为学生创设真实的、富有意义的语文实践活动情境，包括个人体验情境、社会生活情境和学科认知情境。社会生活情境的真实显而易见，它一般来源于具体的生活需求，有明确的生活场景与背景。而个人体验情境与学科认知情境，通常表现为语言文字材料内部或语言文字材料之间自然构筑的思考空间，当学习者沉浸于这样的思考空间时，就处于学科认知情境或个人体验情境中。这是因为课堂上学生阅读、讨论、探究所运用的知识方法、展开的对话合作方式、经历的思维过程、积累的语言文字经验，能迁移到生活世界中，这也是真实情境下的真实学习。例如课堂上处理非典型文体作品时，文本内部的特殊性与人们习惯的阅读经验发生认知冲突，所形成的问题情境是真实的，问题的解决不仅要回忆典型文体的特征，而且加深了对文体特殊性认识，无形中学习了文本细读的方法，有助于今后生活阅读经历的积累。

真实情境的创设，首先，要源于语文生活的真实需求，帮助学生用经历过的生活经验去对接语文学习，让学生看到知识与世界的联系。但是教育的魅力正是其激发、唤醒的作用——助力学生从容地应对未来世界的不确定性与未知性。所以我们既要关注学生已经发生的语文生活，也要重视学生正在发生的语文生活，更要重视学生可能发生和应该发生的语文生活，这些需求对于学生来说都是真实的。其次，真实任务情境的创设要着眼学生的最近发展区，否则即使情境来源生活，但与学生过于遥远陌生，学生产生不了真实体验，那也是不真实的任务情境，真实情境可以概括为：从所思所想出发，以能思能想启迪，向应思应想前进。

（三）任务驱动——激发学生主动积极的言语实践

传统课堂往往是教师的独角戏，表现为学生的"听中学"，现在的课堂有了问题、对话、活动，学生"说中学"，但是要么停留在"静态知识问题的思考"中，学到的知识是"死"的，脱离知识发生、形成和发展的情境，在解决现实问题中显得手足无措；要么"对话质量不高"，具体表现在"学生发起对话少""师生语论短浅不深入""教师理答水平不高"；要么"为活动而活动"，课堂热热闹闹，活动繁多琐碎，学生只"玩"不动脑，思维得不到展开。因此新教学在延续"自主合作探究"的学习方式变革基础上，凸显语文学科的典型学习方式：任务设计驱动学习。强调设计真实情境任务，表现为学生"做中学"，让学生"在游泳中学游泳"，能力的展示、素养的提升以及品质的完善的过程都要在做事中体现出来。进而语文学习从体现静态知识的"问题思考"转向获得动态知识与思维发展的"任务解决"。

高中语文"学历案"单元设计需要实现"大任务"驱动"小活动"，"小活动"引发"真实践"，让语文学习从教师灌输学生接受转向活泼生动的任务探究。任务设计的具体要求为：①目的性，不是"为活动而活动"，而是指向清晰目的和明确表现性目标的主动、有意义的活动任务。②真实性，发现学生语文生活的真实需求，着眼于学生的最近发展区，学生有了真实的认知体验与参与，方能体现学习的意义。③过程性，学生的发展是在经历言语实践任务过程中实现。④整体性，在一个单元学习中，以语文核心素养为纲，整合关联教材内容，提炼单元大任务，让核心任务统摄多个小任务，推动小活动，这样的课堂便不再是琐碎无关、浅尝辄止的活动叠加。

二、开发关键——内容单元转向学习单元

高中语文"学历案"单元设计的关键在于：如何从内容单元转向学习单元，即在确定"学历案"单元学习目标后，教师需要从培养学生语文核心素养出发，对教材内容进行教学化处理，整体设计目标、内容、实施和评价，形成一个完整的单元学习方案，进而实现内容单元转向学习单元。

（一）提炼大观念并建立素养目标体系

内容单元转向学习单元的前提是有明确的、指向核心素养的学习目标。关联核心素养目标与学科教学目标必须确保"教育目的（核心素养）—学科目标（学科核心素养、学科课程标准）—教学目标（学期、单元、课时目标）"的统一性。

1. 仔细研读课标与教材，提炼大观念

大观念是需要"探索揭示"的，居于学科"核心"的（内核性），是"关联组织"离散的事实和技能的（统摄性），是跨越具体时间、地点、情境，学生离校后"剩得下来，

带得走"的（可迁移性）。

例如，高中语文必修一上册第七单元"自然与情怀"，所属"文学阅读与写作"任务群，侧重指向"语言建构与运用""审美鉴赏与创造"学科素养，进而从课标中选择匹配的内容标准："精读古今中外优秀的文学作品，感受作品中的艺术形象，理解欣赏作品的语言表达，把握作品的内涵，理解作者的创作意图；从语言、构思、形象、意蕴、情感等多个角度欣赏作品，获得审美体验，认识作品的美学价值，发现作者独特的艺术创造；结合所阅读的作品，了解散文写作的一般规律。捕捉创作灵感，用自己喜欢的文体样式和表达方式写作，与同学交流写作体会；根据需要，可选用杂感、随笔、评论、研究论文等方式，写出自己的阅读感受和见解，与他人分享，积累、丰富、提升文学鉴赏经验。"同时研读教材的"单元导语、课文、学习提示、单元学习任务"等。寻找编者的意图，"体会民族审美心理，关注作品中的自然景物描写和人生思考，体会作者观察、欣赏和表现自然景物的角度，分析情景交融、情理结合的手法；反复涵咏咀嚼，感受作品文辞之美"。由此将该单元的大观念提炼归纳为"自然与心灵的映射"。

2. 依托大观念，构建一致性目标体系

学科核心素养是核心素养在学科层面的落实，内容标准则是核心素养、学科核心素养要求的主要体现。大观念作为学科核心观念，主要来源于内容标准。在确定单元大观念后，教师的思考需要进一步下移，即学生理解运用大观念时的具体表现，也就是学科核心素养的要求。大观念并非直接获得，是需要探索揭示的，即学生通过教师引导的探究学习和反思才能获得，因此下一步需要思考通过哪些主要的问题探究和反思联结教学目标，在教学目标与大观念要求的契合中，开展教学，最终实现核心素养在学科教学层面的落地。在上述过程中，由上位至下位，建构起了一致性的素养目标体系。

（二）实现语文教材内容的"三化"

实现教学内容的教学化处理主要有三点：知识整体化，理解知识的本质，以实现教学内容的"有意义"；知识条件化，理解知识从哪里来，以实现教学内容的"有趣"；知识情境化，理解知识到哪里去，以实现教学内容的"有用"。

1. 知识整体化

知识整体化是针对知识琐碎化而言，强调知识的结构化、整合化，便于记忆、理解和迁移，以实现教学内容的"有意义"，它包含三个方面的内涵：一是联系，强调关联而不是孤立，引导学生发现不同知识间的相同点，相同知识间的不同点，发挥"整体功能大于局部之和"的作用。二是组织，强调建构而不是复制，有意义的学习是认知结构的组织和重新组织。因此教育形式的知识是经过分化、重组、整合、改造和转化，从而形成富有教育意义，适合学生理解和掌握的知识内容和知识形式。三是整合，强调学科内部知识融合，跨学科间知识渗透、学科知识与日常经验的协调、学科知识与素养形成的统一。

体现在语文教学中，当面对庞大的语文知识体系和有限的课堂教学时间空间的矛盾时，"什么知识最有价值"的发问，引起了我们对课程内容选择的思考。高中教育是指向学生未来发展的基础性教育，因而"最有价值的知识"应是体现学科核心的"大观念"。因此在高中语文"学历案"单元设计中，我们需要提炼单元的大观念，进而帮助学生站在一个更加整体综合的角度思考问题的本质。例如，"自然与情怀"单元选取了郁达夫《故都的秋》、朱自清《荷塘月色》、史铁生《我与地坛》（节选）、苏轼《赤壁赋》和姚鼐《登泰山记》五篇经典作品，历来解读众说纷纭。通过大观念的提炼，我们发现，它们都有一个主观的观察记录的主体——"我"，也都存在一个被观察、被记录的客观对象——山水、林园、动植物，主体与客体间形成一种"观照—反映"关系。因此我们将该单元的大观念提炼为"自然与心灵的映射"。

2. 知识条件化

知识条件化是针对知识"知其然不知其所以然"而言，强调还原知识产生的背景、条件、原因等，让学生明白知识"从哪里来"，知道来龙去脉，以实现教学内容的"有趣"。有些久远的知识与学生现有认知存在落差，必要时需补充背景知识，弥补知识的空缺，促进感受与理解。

体现在语文教学中，教材内容的开发需要回溯到"语文体性（言语形式与言语内容的统一）、文本类性（文体意识）、文本篇性（作者独特的言语表达个性）"之中，进而使得语文教学不再停留于表面结论和说明表述上，而是通过挖掘揭示知识产生形成的思维过程，引导学生的思维进入知识的发现与再发现过程中。

因此在高中语文"学历案"单元设计中，我们需要让形式上简单、呆板、现成的知识，通过还原其发生形成的丰富思维过程，让教材内容变得有温度、有情感。例如，学习"自然与情怀"单元，该单元五篇课文属于写景抒情散文，则需要通过品味个性化言语表达，感受、体会、理解景物描写中透露的作者情感、审美倾向、人生思考，理解情与景的关系。因此学习《故都的秋》则引导学生从秋色、秋声、秋味中体会现代文人的"悲秋"雅趣；学习《我与地坛》《荷塘月色》《赤壁赋》则引导学生梳理作者的情感变化，探究主体与客体的观照—反映关系；学习《登泰山记》则引导学生从泰山日出变幻的动态之美，感受其中作者开阔坦荡的胸襟与超然平静的君子风度。

3. 知识情境化

知识情境化是针对知识的过度符号化、抽象化而言，强调介入真实情境，让学生知道知识"到哪里去","知识有什么用处",进而迁移解决现实问题,以实现教学内容的"有用"。关于知识情境化,需要谨慎两种误区:①表现为教师对学生信息式轰炸,为知识而知识,学生发现不了知识与现实生活关系的"灌输式教学";②表现为课堂热热闹闹,活动繁多琐碎,为活动而活动,学生发现不了活动探究与学习意义关系的"活动式教学"。

体现在语文教学中,语文核心素养的培养是指向言语实践活动的真实的情境式学习,而且情境的创设不只是活跃课堂的导入环节,还是营造了一种真实的学习环境,更重要的是,我们需要进行整体化的情境创设,围绕大观念与核心任务,统整单元内容,考虑前后课时的关系和不同课时在单元中的地位。因此在高中语文学历案单元设计中,我们需要在确定单元学习目标后,考察学情,包括学生的基础(起点)如何;学生的最近发展区(发展点)在哪里;学生的困难和问题(障碍点)有哪些;学生的兴趣(共情点)有哪些;等等,考虑创设怎样的任务情境帮助学生达成素养目标。

例如,学习"自然与情怀"单元,人们生活在自然之中,面对现实生活中的种种束缚与无奈,大自然早已深深融入人的精神世界,成为人类的心灵寄托。然而高一许多学生对大自然的感受比较空泛笼统,缺乏对此时此地的具体的、独特的、富有变化的感受。基于上述学生的真实需求,回到语文学习中,寻找教与学的相关性——通过文学作品对大自然的描写反观自然,提升对自然美的感悟力,让学生从审美中获得精神的滋养。聚焦具体学情,学生之前已经学习过相当数量的写景散文,知道通过分析景物及其特征,感受作者的情感。

到了高中阶段,关于写景散文的语文学习理应深入品味作者言语表达的独特匠心,提升推敲语言文字的能力,培养对语言文字的敏感。同时不能让学生流于零散课文学习,通过群文阅读、专题阅读等形式,探究隐藏在景物描写背后作者的不同审美情趣与人生思考,反思自己的人生经历,增强人生的精神力量。因此本单元在"自然与心灵的映射"的大观念统摄下,整体设计了一次"赏游名家笔下自然景致"的情境任务,将学生的语文学习与日常生活相关联。从赏游前通过绘制人物小报、制作文言知识卡片,以"识其人知其文",为赏游做准备;到赏游中通过欣赏自然之美、解说自然之美,以"鉴其景体其情",开始赏游;再通过"作家的'困境与超越'"的探究活动,以"入其情悟其理",探究赏游;最终赏游后通过拓展阅读、撰写散文,以"抒写自己的自然",升华赏游。

(三) 处理教材内容的具体技巧

"知识整体化、知识条件化、知识情境化"指向策略层面,回答"做什么"的问题。"补白、调序、删减、整合、创生"教材处理的具体技巧,则指向技术层面,回答"怎么做"的问题,它与教材内容处理的实际操作关系最为紧密。

1. 补白

所谓"补白",阅读教学要引发学生真切的体验、共鸣与反思,那么学生必须走进作者,走进文本,走进"留白"。因而语文学习往往是一个"补白"的过程。

(1)"铺垫性"补白,课文虽然文质兼美,但学生对作者、文本由于缺少知识和情感层面的贴合,往往显得不为所动。例如,学习《故都的秋》,学生对于郁达夫对悲凉美的热爱往往不得要旨,此时可以从民族"悲秋"传统的心理积淀、时代情绪和作者本身气质等方面进行铺垫性理解。

(2)"探究性"补白,对知识的盲点与未知领域进行探究,让教材内容变得丰盈深刻。例如,学习"自然与情怀"单元,可以引导学生延伸探究"中国文人的'困境与超越'",加深学生的阅读体验与提高阅读能力。

(3)"拓展性"补白,增加典型的同类型作品,加深理解。例如,学习《我与地坛》(节选)引导学生勾连全篇阅读,感悟地坛中人、事、景给予史铁生生命的启示。学习"自然与情怀"单元,增加苇岸《大地上的事情》、约翰·缪尔《夏日走过的山间》、东山魁夷《听泉》的拓展阅读,让学生进一步感受"人与自然"的关系。

(4)"互文性"补白,对比阅读,相映成趣。例如,学习《故都的秋》,可以与欧阳修的《秋声赋》进行比较,发现传统文人的悲秋与现代知识分子对秋审美趣味的异同,进而理解郁达夫在继承中国文人悲秋的传统之上,又增添了自己高雅的审美创造。

2. 调序

所谓"调序",即根据需要调整教材内容顺序,有时是为了构成相近、相关、相同或相反的板块(主题、语文学习方法、文体、文学知识、作家、作品),有时为了符合学生的认知发展规律(由浅入深、由一般到特殊……),有时是为了与时令、节假日或社会生活一致,有时是为了同步相关学科学习等,进而使学生学习有直接的背景情境支持,有更多的认知情感体验。例如,学习"自然与情怀"单元,将《赤壁赋》《登泰山记》的文言知识梳理提前,为后续"赏游名家笔下自然景致"的探究活动奠定基础。

3. 删减

所谓"删减",应该说选入教材的课文基本上符合典型性、时代性和适切性特点,但由于教材面向全国共同学情,因此也呈现出基础性特点。鉴于学生发展各有差异,教师可以根据具体学情对文章做出适合自己和学生的删减或剪裁。例如,教材中含金量不高的文章可以进行科学的删减处理。再者,语文课堂应该是用来解决文本核心价值的,此时教师就要有减法意识,设计牵一发而动全身的关键点勾连全篇,而非面面俱到地教学讲解。

4. 整合

所谓"整合",即教师需要深入挖掘文本的相似与不同,尝试整合关联多个文本,化碎片化的知识点为线、为面、为体。例如,学习"自然与情怀"单元围绕"自然与心灵的映射"的大观念,整体设计单元,探究主客体关系与人生境界。

5. 创生

所谓"创生",即认为课程实施本质是在具体情景中创生新的教育经验的过程,"我的课堂我做主""我即课程""我即教材"。例如,有些语文教师在上课时不仅有教材,而且还有大量增添引入的《论语》《大学》《庄子》《诗经》《楚辞》中的经典篇目、西汉鸿文、唐宋散文、明清小品,到国外作家作品等,把课堂搬到水上、山里、路上,带领学生开始浙东文化学旅,每周有知名学者开设讲座……当然这样的教学处理并不适合所有教师,这对专业素养的要求是极高的,所以要慎用。

第二节 基于学生立场的语文"学历案"设计

"基于学生立场的语文学历案是指以学生语文素养的提升为目标,围绕具体的学习单元,以学习任务为中心,以语文活动为主要形式,供学生学习使用的能呈现完整学习过程的专业化方案①。"下面从方案设计定位、学习内容确定、方案编制思路三个方面诠释语文"学历案"的设计思路。

一、方案设计定位

区别于一般教案、学案的设计,"学历案"设计不仅仅体现教学内容、教学行为,更要求教师设计指向素养的学习过程,即呈现学生学会的内容、学会的过程。"学历案"关注学生学习的过程,关注学生达成学习目标的途径,从某种意义上而言,"学历案"设计的学习过程就是教师为学生提供适切学习途径的过程。因此,优化设计学习途径、搭建学习支架是"学历案"编制的重要环节。

一份完整的语文"学历案"包括学习专题、学习目标、评价任务、学习过程、学后反思等五个组成部分。五个部分围绕一个学习专题,以学习任务为中心,关注"何以学会",以形成性评价为指引,设计学习目标实现的过程,为学生自主学习提供清晰的学习支架。

---

① 包旭东. 语文学历案:基于学生立场的语文学习方案设计 [J]. 七彩语文(中学语文论坛),2018(5):8.

语文"学历案"主要在学法指导、课前学习、课中学习、课后学习等四个板块为学生搭建支架，以促进学生自主学习。学法指导板块给学生提供明确的学习方法和学习路径，指导学生如何将知识内化为能力和素养。课前学习板块包括查阅资料、质疑思考等内容，为课中学习做准备。课中学习板块是"学历案"设计的重点，通过学习情境的营造、学习任务的设置和学习活动的设计，促进学生从"现有水平"向"潜在发展水平"转化。课后学习是学习的另一个起点，是阅读的延续和思维的延续，是唤起学生用已有的知识经验解决新问题的意识的学习环节。

二、学习内容确定

设计学习方案时要确定学习材料是具有语文教学价值的学习内容，这关乎语文学习的效度。为单篇文本确定最具教学价值的教学点并不复杂，也可以找到一定的学理依据。但如果将学段中多篇学习材料放在一起考量，这些教学点就可能显得随意、重叠。例如，学习契诃夫的小说，不管是《装在套子中的人》还是《苦恼》，或者《一个文官的死》，都可以制定这样的学习目标：①通过分析典型人物的个性化对话和细腻的心理描写，归纳概括主要人物的形象特征；②把握小说情节，探究小说主题，了解契诃夫小说批判现实主义的艺术风格。这样的学习内容确定，实际上将三篇小说学成了一篇。如果将这三篇小说放在一个单元中进行"学历案"设计，除了上述的共性目标外，还可以分别从"超越时代和国界的典型形象""小人物的悲剧命运及其社会根源""以小见大、对比映衬的艺术手法"等角度设置学习任务。不管是按篇设计还是整合设计，都需要从课程视域来确定学习内容。

有时，单篇文本的学习空间有限，往往限制了学生学习的厚度和深度。例如，学习《名二子说》，从"了解古人的名和字"的角度设计学习任务，则会显得单薄。如果将《名二子说》与欧阳修《章望之字序》、曾巩《王无咎字序》、吉常宏《字的由来》组成学习单元，整体设计学习方案，从文本研读到写作实践，学习任务就会相对集中，学习活动也会相对丰富。

为避免"课时学习""单篇学习"带来的"知识碎片化、体验浅显化、学习点状化"倾向，语文"学历案"采用单元学习设计，方案设计的单位从知识点到单元，从"课时学习""单篇学习"到"单元学习"，把目标、情境、知识、任务、活动整合在一起设计。结合语文不同学习内容的特点，单元的设置可以是主题，可以是典型语用现象、典型文学现象，可以是融合了重要学科知识的任务，在最基本的教学单位设计基础上，才有一堂课、一篇文章、一个知识点的最小单位的设计。例如"文学鉴赏与写作"任务群学习，基于任务群学习目标编制"学历案"，可以从文体阅读、文体写作的角度分解学习单元，建构诗歌欣赏、小说欣赏、散文欣赏、剧本欣赏、文学微评论写作、文学作品习作等专题学习单元，整体设计学习单元的学习方案，解决单篇教学、单节课教学的凌乱、低效，加强教学的整体性和系统性，在教学中促进语文素养的形成。

三、方案编制思路

基于"学历案"的语文教学推行"教学评一体化"的教学活动，实施目标导向和评价驱动的教与学。编制语文"学历案"，不仅需要学科思维、课程思维，还需要教育思维，在学习科学引领下设计教学环节，需要思考在学习目标统领下的教学、学习、评价一致性的问题。从教师视角而言，即一致性地思考"为什么教""教什么""怎样教""教到什么程度"等问题。在"学历案"编制过程中，学习任务确定、学习过程设计、评价任务设置、反馈方式设计等环节都围绕学习目标展开。下面以"三苏《六国论》学历案"编制为例，分析"教学评一体化设计"：

第一，确定预期学习成果（学习目标）。学习三苏《六国论》，基于《课程标准》、教材、学情、资源确定预期学习成果为：①在文本研习中，学习三位作者处理史论中观点和材料关系的艺术方法，品味作者把握和认识历史的不同感情态度；②在比较阅读中分析探究比较三篇文章的观点、写作意图和语言风格的不同；③整理掌握重要文言字词及文言现象。

第二，确定学习任务。依据学习目标，确定主要学习任务为：①梳理文本主要观点，编写论证结构图；②分析三篇《六国论》立论角度、观点的不同之处，学习围绕中心观点设置分论点的方法，掌握多种论证方法的作用，领略借古讽今的写作特点；③理解"弊、率、完、患、暴、判、速、再、数、以"等词语的意义，掌握"却"等重点词语的使动用法。

第三，设计学习过程和评价策略。依据预期学习成果（学习目标），设计主要教学评活动：①阅读材料，概括秦统一六国的战略、宋朝的国力特点和外交状况；②结合注释，自读文本，梳理主要观点，用思维导图的形式标画论证思路；③比较阅读三篇文章，完成"立论角度、中心观点、写作意图、史料运用"信息表；④结合材料，举例赏析三篇文章的语言特色；⑤赏析比喻论证的妙处；⑥整理重要文言字词及文言现象，与同学分享和探讨；⑦研读史料，以"六国新论"为题进行微评论写作。

第四，设计反馈方式，进行教学反思。在这个专题学习中，小组讨论、自评他评、成果分享、论文展评、自我反思等是主要的反馈方式。

第三节 高中语文教学中 "学历案" 的运用

　　高中语文课堂十分重视学生的自主学习能力和感知能力。"在语文教学当中应用学历案，能够更好地突出学生的主体地位，有效发挥教师的引导作用，提高学生学习的积极性和主动性，增强学生学习的动力，有助于挖掘学生的潜能，从而提升学生的综合能力①。"为了在高中语文课堂上最大限度地发挥出 "学历案" 的作用，教师需要全面了解 "学历案"，加强研究和实践 "学历案" 的运用的方法，从而提升高中语文教学的有效性。

　　在高中语文教学的过程中，教师传授知识，但是还是有些学生不能完全理解，还是对知识掌握得不牢固，对学习存在着一定的迷茫性。究其原因主要是教师的教学方法过于陈旧，使得学生的思维存在着一定的固化，为了更好地解决这个问题，就需要教师更新思想，转变教学的角度，树立以生为本的教学理念，优化和创新教学方式，转变学生被动的学习状态，让学生的主观能动性得到有效的发挥，促进课堂教学质量的提高。在此背景下，很多语文教师开始重视 "学历案" 在课堂当中的应用。"学历案" 是一种关于学习过程的方案，教师在教学当中围绕某一学习主题、课文或单元，从要学会的内容出发，对如何学会的过程进行设计，让学生能够自主学习，获得知识和技能，加深学习的过程体验。

　　"学历案" 是从之前的教案当中衍生出来的，是一种比较新型的教学基础设计。在素质教育背景下，"学历案" 是对教学思想和教学手段的创新，"学历案" 从学生的实际学习情况出发，注重对教材资源的深度挖掘，重视对学生综合能力的培养。"学历案" 不但重视学生课堂的学习过程，还对学生学习的效果很关注。因此，在高中语文教学中运用 "学历案"，不仅能够提高教学的有效性，强化教学效果，还能增强学生的学习能力，提高学生的核心素养。高中语文教学中应用 "学历案" 的有效策略具体如下：

一、对 "学历案" 的框架进行设计

　　"学历案" 要想有效应用到高中语文教学当中，需要首先设计 "学历案" 的基本框架，这样能够通过 "学历案" 对教学的目标、教学过程以及教学结果进行明确，使得课堂教学能够有明确的目标，更有针对性地进行教学，强化教学效果，从而为提高教学质量奠定良好的基础。教师在运用 "学历案" 时，一定要注重怎样把学生纳入教学过程当中，从而通过 "学历案" 来培养学生的学习能力。例如，在学习《荷塘月色》时，教师通过提

---

① 贾铭泽. 学历案在高中语文教学中的应用 ［J］. 试题与研究，2021（8）：66.

前设计"学历案"来对教学框架进行明确，从而使教学过程更加科学合理。在对"学历案"进行设计的时候，由于这篇文章是写景抒情散文，因此需要对上课初期的知人论世和导入环节进行优化和突出，来激发学生学习的热情，激发学生学习的兴趣，从而更好地引导学生参与到文本学习当中。之后在学习过程当中运用多种方法来最大限度地完成学习目标。此外，还要明确怎样引导学生进行评价，怎样通过作业来进行检测，最后怎样让学生能够更好地进行反思，借助"学历案"对这篇课文的教学基本框架设计进行明确。在教学当中对框架的落实，使学生对比喻、通感的巧妙运用有了较好的掌握，还能够对动词和叠词进行选用，从而提高了课堂教学的效果。

二、对语文学习目标进行设置

在设计"学历案"的时候，设置科学的学习目标非常重要，明确了科学的学习目标，能够让学生有清晰的学习方向，并且教师需要依据学习目标来设计教学内容。设置科学的学习目标，首先需要对教学大纲的要求有准确的掌握，将目标作为导向，做到教学全力为学生服务。其次，要对文本内容进行深入的挖掘。教材资源是"学历案"设计的重要依据，也是教与学的主要载体。在设计的过程中需要对文本内容进行充分的挖掘，并直观地呈现出学习目标。例如，在学习《念奴娇·赤壁怀古》时，"学历案"的设计可以把诗词鉴赏考点当中"怀古"类诗词进行拓展学习。最后，要对学生的学习情况和特点有充分的掌握。应用"学历案"最为重要的是对学生学习兴趣的激发，这就使得教师在备课的时候要重视学生的情况，要依据学情来设计。这样才能调动学生学习的积极性，增强学生学习的乐趣，从而提高学习的效率。

三、对预习任务进行明确安排

在教学当中教师往往通过口头来安排学生的预习任务，这样就使得任务虽然布置了，但是却缺乏明确性和重视感，学生的预习大部分都是对文章简单地读读，对文章内容有大概的了解，很难将预习的实际作用发挥出来。因此，在使用"学历案"时，教师需要将其作用和优势充分地发挥出来，要对预习任务进行明确的安排，让学生明确要预习的内容，怎样去预习，要达到何种效果等，要让预习能够得到有效的落实，从而不仅能够提高学生的学习质量，还能培养学生好的学习习惯，提高学生学习的能力，有助于提高语文教学效率和教学质量。

例如，在学习《老人与海》时，认识到课前有效的预习不但能够让学生对文本有一定的了解，还能让学生对人物形象有更好的把握。因此，在运用"学历案"时，教师就需要格外重视对预习任务的明确，合理安排学生的预习过程，让学生能够正确地进行预习，提高学生的自主学习能力。在实践教学当中，先通过讨论会让学生对这篇文章的预习进行讨论，让学生先思考预习的内容、怎样预习、达到何种效果。在此基础上，教师来安排有针对性的预习任务，主要有对课文主要内容进行了解，对作者的写作风格进行明确，对故事情节进行分析。明确的预习任务能够让学生的学习有方向，还能完成自主学习目标，这样能够更深层地掌握教学内容。

四、始终贯穿着教与学的活动

在语文教学当中运用"学历案"，最为重要的就在于学习的过程，学习过程主要包括预习、课堂当中的学习和课后作业。学习过程能够完整地呈现出学生的经历，体现出学生学习的精彩。这就使得设计的"学历案"活动要从学生的视角出发，依据学生的逻辑来对学习活动进行设计，重视学生的自主思考和探索。在课堂教学当中，教师要注重学生已有的经验，利用问题来对学生的学习进行驱动，把知识点进行转化，让知识点变为探索问题的点、提高能力的点，对问题需要进行分层设计，要层层深入，可以有效运用小组合作的方式，来引导学生更好地进行释疑解惑，培养学生的探究能力、合作能力、解决问题能力，促进学生思维的发展，从而提高学生的核心素养。

例如，在学习《过秦论》的这篇文章时，教师运用"学历案"将教与学的活动贯穿于教学的过程当中，这样能够让学生更好地掌握这篇课文的重点知识，并能够对文言文词法、句法知识进行有效的积累。在实际的课堂教学当中，教师首先可以借助多媒体，将文章的写作背景和文章的作者介绍给学生，这样在生动形象的情境当中，能够激发学生学习的热情，让学生更积极主动地参与到这篇文言文的学习当中。接着教师可以通过分组来让学生开展阅读活动，完成阅读后，组织学生通过合作小组来探讨文章的写作意图，并对中心句进行分析。通过问题的提出，能够让学生参与到对这篇文章的整体感悟当中，教师不仅要做好指导，还要明确接下来的教学活动。在小组完成任务之后，教师组织学生对问题发表自己的见解，对于一些问题比较集中的知识要做好解答和引导。然后针对这篇文言文的内容开展抢答活动，教师提出问题，让各小组进行抢答，分数最高的小组将会获得奖励。开展这样的活动，不仅能够集中学生的注意力，还能让学生逐步对这篇史论的主要观点进行深入的了解，提高课堂学习的效率。

五、开展良好的课堂评价活动

在语文课堂当中运用"学历案"，需要开展良好的评价活动，这样才能更好地提升教学效果。开展评价活动能够对学生的学习情况和学习效果有更好的了解，激励学生主动地学习，增强学生学习的信心，提高学生学习的动力。评价活动主要包括课上评价和课后评价。在语文课堂上对学生学习完成情况的评价，主观地体现了教学活动向学习活动的转变。课后评价主要是对学生作业完成情况以及知识掌握情况进行评价。不管是课上评价还是课后评价，教师都要落实"学历案"中的评价思想，从而开展良好的评价活动，让学生能够得到客观、有激励作用的评价，来提高学生学习的兴趣和信心，提高运用"学历案"的教学效果。

综上所述，在高中语文教学当中运用"学历案"非常有效，能够积极促进学生自主学习意识的提高，有效培养学生的学习能力，促进学生核心素养的提升，从而有助于提高语文教学的效率和教学质量。为了在高中语文教学当中更充分地发挥"学历案"的作用，还需要教师加强对"学历案"应用的研究和探索，从而在实践当中得到不断的完善和优化，提高"学历案"的应用价值。

参考文献

[1] 王昱华，徐洪岩. 中学语文教学探索［M］. 成都：电子科技大学出版社，2015.

[2] 李明. 感悟、实践——谈高中语文点拨发散教学法［J］. 教书育人，2017（17）：70.

[3] 冉淑红. 如何提高高中语文课堂教学的有效性［J］. 文学教育（下），2019（9）：96.

[4] 李伟耀. 高中语文生成性教学的有效性研究［D］. 长沙：湖南师范大学，2015：23.

[5] 杨能群. 高中语文线上教学的有效性研究［D］. 漳州：闽南师范大学，2021：47.

[6] 李清友. 高中整本书阅读教学模式研究［J］. 文学教育（中），2020（11）：68.

[7] 钟翠婷. 高中语文"整本书阅读"教学研究［M］. 长春：吉林人民出版社，2019.

[8] 陈多娟. 关于提升高中语文阅读教学质量的几点思考［J］. 科学咨询，2020（20）：124.

[9] 成尧. 新高考思维评价体系下的高中语文小说阅读深度教学［J］. 文渊（中学版），2020（5）：101.

[10] 高玲. 普通高中语文教师课堂教学决策研究［D］. 西安：陕西师范大学，2017：29-78.

[11] 刘俊. 高中语文整本书阅读教学策略初探［J］. 考试周刊，2021（15）：35-36.

[12] 孙凤英. 高中语文教学与写作研究［M］. 西安：世界图书出版西安有限公司，2017.

[13] 万俊蕊. 探讨在高中语文课堂教学中有效构建策略［J］. 魅力中国，2020（23）：106.

[14] 王黎. 新课程高中语文写作评价教学策略［J］. 语文课内外，2020（30）：164.

[15] 王增琴. 高中语文课堂教学评价语言运用策略研究［D］. 成都：四川师范大学，2015：23-32.

[16] 熊继文. 高中语文作文教学质量提高对策研究［J］. 中学课程辅导（教学研究），2020，14（9）：77.

[17] 赵红艳. 高中语文文学名著阅读教学中的审美教育解析［J］. 课外语文（上），2021（3）：133-134.

[18] 周祖雄. 新课程理念的高中语文阅读教学评价策略探究［J］. 考试周刊，2020

（53）：51-52.

[19] 王振娜，李鹏. 指向核心素养的学历案实施策略 [J]. 生活教育，2021（6）：50.

[20] 贾铭泽. 学历案在高中语文教学中的应用 [J]. 试题与研究，2021（8）：66.

[21] 明萌. 高中语文学历案单元设计探究 [D]. 上海：上海师范大学，2020：10.

[22] 王越. "整本书阅读"任务群的学历案设计 [J]. 文教资料，2019（29）：47.

[23] 包旭东. 语文学历案：基于学生立场的语文学习方案设计 [J]. 七彩语文（中学语文论坛），2018（5）：8.

[24] 吕建林. "学历案"评价任务的设计与实施 [J]. 江苏教育，2017（3）：65.

[25] 张明. "学历案"的框架设计与实施策略 [J]. 地理教学，2016（1）：12.

[26] 蒋红卫. 论高中阅读教学的优化策略 [J]. 中学语文，2022（9）：29.

[27] 郭泗存. 高中语文教学中学生阅读活力的激发 [J]. 天津教育，2021（23）：184.

[28] 刘志江. 高中语文整本书阅读的指导策略 [J]. 中国教育学刊，2021（9）：107.

[29] 陈坪. 基于语文核心素养的高中学生整本书阅读教学指导策略研究 [J]. 教育导刊（上半月），2020（12）：63-67.

[30] 刘日光. 高中语文课程视域下的"整本书阅读" [J]. 语文建设，2018（7）：44-46.

[31] 管然荣. 高中语文"任务群"的认知与实施 [J]. 中学语文教学，2018（6）：8-12.

[32] 吴继康. 谈情景式教学在高中语文教学中的有效运用 [J]. 学园，2017（36）：73.